チャートを使いこなせばFXはカンタンに稼げる!

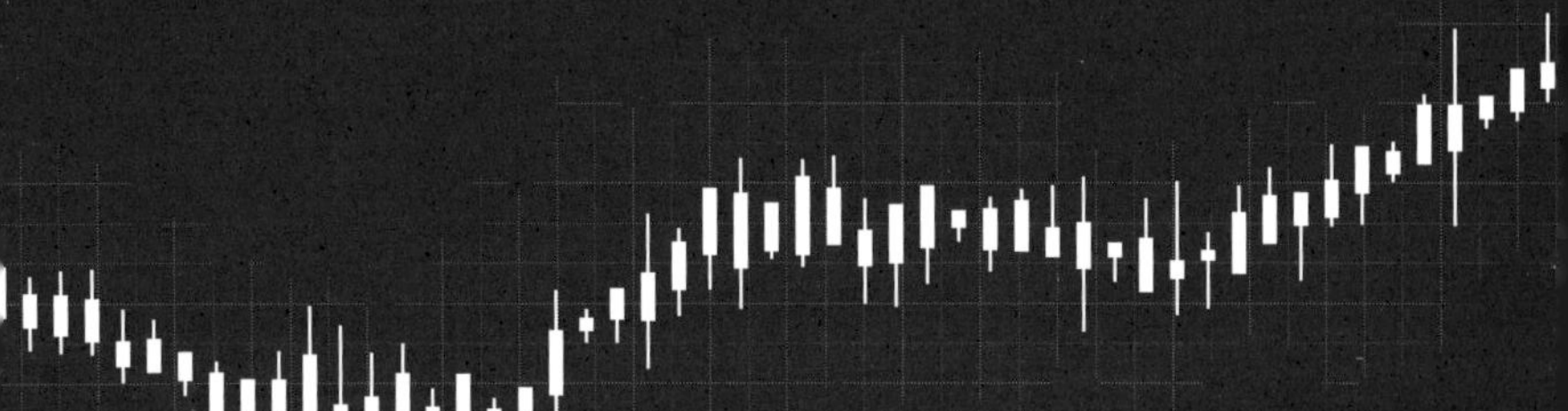

standards

はじめに

稼ぐ人はチャートを見ている!!
勝つために必要なチャートからの相場分析

勝ち組トレーダーは相場分析をしている

ＦＸにおいて、もっとも重要なのは相場分析です。相場分析をすることで、現在の相場の状況を判断して、トレードでの失敗を少なくすることができます。逆に言えば、相場分析をしないとトレードでの失敗が増え、損失額が拡大してしまいます。

勝ち組トレーダーと呼ばれるＦＸで成功しているトレーダーの多くは相場分析を行っています。

よく勝ち組トレーダーが「チャートを見ているとなんとなくどのタイミングなら勝てるのか、負けるのかがわかってくる」という人もいますが、こういった人たちは無意識に相場分析を行っている場合がほとんどです。

そんな相場分析ですが、相場分析と言われて思い浮かべるのはどのようなものでしょうか？

人によってはテクニカル指標を使うことが相場分析と考える人がいるかもしれません。しかし、それは間違いです。勝ち組トレーダーが言う相場分析は、ローソク足だけを表示したチャートで、値動きを見て、そこから相場がどのように動くのかを分析することを指します。

また、相場分析という言葉を聞くと難しそうと感じる人もいるでしょう。しかし、勝ち組トレーダーが実際に行っていることは、そこまで複雑なものでもなく、理解さえすれば誰にでもできます。

本書では、相場分析を重視して稼ぐ5人の投資家から相場分析の仕方やどのようにトレードすればいいのかを解説します。また、相場分析を行ったうえでテクニカル指標を使った手法の解説、さらに過去、実際にあった出来事をシチュエーション別にして、投資家のトレード内容を説明していきます。

すべての投資家の相場分析・手法を真似することは難しいかもしれませんが、だれかひとりでも自分のトレードスタイルに合った方法があれば、真似することから始め、自分なりのやり方に昇華できれば勝ち組トレーダーの仲間入りすることができるはずです。

本書の読み方

各章では、5人の投資家によるアドバイスを交え、チャートによる相場分析とはどのようなもので、どのように活用すべきかを解説していきます。

第1章 チャートから相場を読む8つのポイント

相場分析をするために最低限必要な8つのポイントを解説しています。

第2章　成功投資家たちが教える相場の読み方

成功投資家たちが実際に行っている相場の読み方を解説します。現役で活躍する投資家たちが相場をどのように見て、どのように判断しているのかを知ることができます。

第3章　稼ぐ投資家の相場分析とトレード

相場分析を重視して稼ぐ投資家自身のトレード手法を完全公開。自分に合ったトレード手法を見つけてください。

第4章　シチュエーション別パターン分析

相場が大きく動いた過去の出来事から、計10パターンのシチュエーションを抜粋、投資家たちの実際のトレード内容を分析します。相場状況に合わせてどうトレードすればいいのかがわかります。

本書でアドバイスしてくれる投資家

相場分析で大きく稼ぐ現役のＦＸ投資家５人

山口猛さん

高値と安値を中心にチャートをみる

ＦＸ歴▼13年

トレード期間▼スイング～長期

実績▼通算7000万円

阿部圭太さん

日足、週足、月足から相場の流れをつかむ

FX歴▼10年

トレード期間▼デイトレ〜スイング

実績▼通算8000万円

浅野春日さん

複数の通貨ペアの動きからそれぞれの通貨の強さを確認する

FX歴▼12年

トレード期間▼デイトレ〜スイング

実績▼通算5000万円

岡崎弘子さん

長期の時間足のローソク足の形をみて相場の方向性をつかむ

FX歴▼9年

トレード期間▼デイトレ～スイング

実績▼通算5000万円

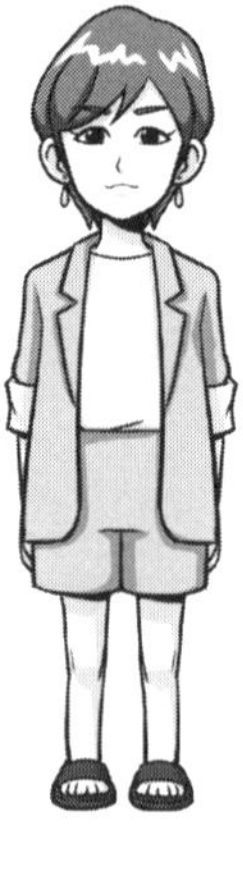

篠原雄一郎さん

過去のチャートの動きから意識されている価格をみる

FX歴▼20年

トレード期間▼スイング～長期

実績▼通算9000万円

目次

02 はじめに
06 相場分析で大きく稼ぐ現役のＦＸ投資家５人

第1章
19 チャートから相場を読む8つのポイント

20 相場を読むにはローソク足をみる
24 正確な価格を確認する
28 高値・安値の把握から始める
30 ローソク足２本の組み合わせの意味を知る
34 相場の節目になる高値・安値をみつける

38 異なる時間足で流れをつかむ
42 教科書的な綺麗なチャートにはなりにくい
46 相場は多数派が向かう方向に動く

第2章 成功投資家たちが教える相場の読み方

51 成功投資家たちが教える相場の読み方
52 ローソク足から売り手と買い手の力関係を判断
56 1本のローソク足から読み取れる情報
60 上昇中の陰線・下降中の陽線が意味すること
64 0・1P-PSでも高値や安値を更新していることが重要

68 過去の高値や安値を目安にする
72 日足で高値・安値を確認することが重要
76 安値と高値の両方更新は方向性に迷いがある
80 高値超え、安値超えは利食いや損切りの目安になる
84 レンジ相場中の売り手と買い手の思惑
88 レンジブレイク後は高値と安値の更新をチェック
92 レンジブレイクの連続でトレンドができる
96 値動きの予想ではなく値動きについていくことが重要
100 勝ち組が狙うトレンドとは？
104 大きなニュースには注意をする

108 ときにはトレードをしない選択も必要

第3章
113 稼ぐ投資家の相場分析とトレード
114 山口猛さんの相場分析
118 トレードに使うのはボリバンのみ
122 エクスパンションが発生していたらエントリー
126 高値や安値を見てイグジットを判断する
130 スクイーズが発生したらイグジット
134 阿部圭太さんの相場分析

138 トレードには一目均衡表の雲を使う
142 ローソク足が雲を突き抜けたらエントリー
146 日足で直近高値と直近安値を確認
150 ローソク足が雲まで戻ったらイグジット
154 **浅野春日さんの相場分析**
158 トレードには移動平均線を利用する
162 移動平均線のクロスでエントリー
166 相場分析によるイグジット
170 ローソク足が移動平均線をブレイクしたらイグジット
174 **岡崎弘子さんの相場分析**

178 トレードにはボリンジャーバンドと雲を使う
182 エクスパンションの発生と雲の位置を確認してエントリー
186 過去の高値や安値で一部利食いをする
190 テクニカル指標を利用したイグジット
194 **篠原雄一郎さんの相場分析**
198 ボリンジャーバンドだけでトレード
202 エクスパンションを狙ってエントリー
206 高値・安値を更新したらイグジット
210 スクイーズが発生したらイグジット

第4章 シチュエーション別パターン分析

215 シチュエーション別パターン分析
216 コロナウィルスの影響で激しく円高と円安に
220 イランショック前後の円高と円安
224 米中関係改善によるドル高・円安相場
228 米中貿易戦争の激化懸念による円高相場
232 米中関係悪化と米国の利下げ懸念による円高
236 米政策金利の据え置きによる円高
240 米国の対中関税引き上げ延期でドル高相場に
244 アップルショックによって急激な円高に

248 世界的な株高による円安相場
252 米国株急落による円安相場

必ずお読みください

FXはリスクをともなう金融商品です。本書で紹介している内容によっての投資の結果に著者、および出版社は責任を負いません。実際の投資を行う際にはご自身の責任においてご判断ください。

第1章

チャートから相場を読む8つのポイント

チャートから相場を分析するためには、様々な方向からチャートを見る必要があります。まずは、相場分析となる8つの基礎的なポイントから説明していきましょう。

01

相場を読むにはローソク足をみる

1本のローソク足で読み取れる情報

「ローソク足を見ることが相場を読むことにつながります」

FXで稼いでいる人は口を揃えてこう言います。

ローソク足はその期間中の値動きを示します。日足なら24時間、1時間足なら1時間の中でいくらで始まり(始値)、いくらで終わり(終値)、どこまで価格を上げたか(高値)、下げたか(安値)がローソク足一本でわかります。この始値、終値、高値、安値のことを四本値と言います。また、始値より終値が高ければ陽線、低ければ陰線になります。

四本値や陽線、陰線は基本中の基本なのでほとんどの人が知っているでしょう。しかし、ここから何を読み取ればいいのか、どのように使えばいいのかをわかっている人は意外と少ないものです。

たとえば、長い上ヒゲが出現した場合は、一時的に大きく上昇したものの、高値圏から押し戻されていることをあらわし、売り圧力が強い状態を示します。また、陽線か陰線かでも若干意味合いが異なり、陰線の場合は、高値から売り込ま

ローソク足が示す情報の使い方は意外と知られていない

四本値や陽線、陰線はほとんどのトレーダーが知っていますが、そこから何を読み取り、どのように使うのかはわかっていない人が多くいます。言葉だけを知って満足するのではなく、そこからどのようにトレードに活かすのかを知る必要があります。（山口さん）

れて、終値が始値を下回っているので、下落トレンドが考えられます。

陽線の場合は終値が始値より高い状態なので、トレンドとしてはかなり弱いものの上昇の力がまだ残っている状態です。直近で下落する可能性が高いと判断します。ただし、高値圏で出現した場合は、直近高値などが抵抗線になりうるため、いったん下落した後にふたたび大きく上昇する可能性も考えられます。

このようにローソク足1本でも読み取れる相場状況は多くあります。さらに詳しい読み方については56ページを参考にしてください。

ローソク足の形から相場を読み取る

ローソク足一本からでもさまざまな情報が読み取れます。ヒゲの伸び方から売り手、買い手の力関係を見たり、陽線か陰線かでも今後の相場の動きを分析する材料になります。(阿部さん)

ローソク足の形で相場を分析

長い下ヒゲが発生した場合

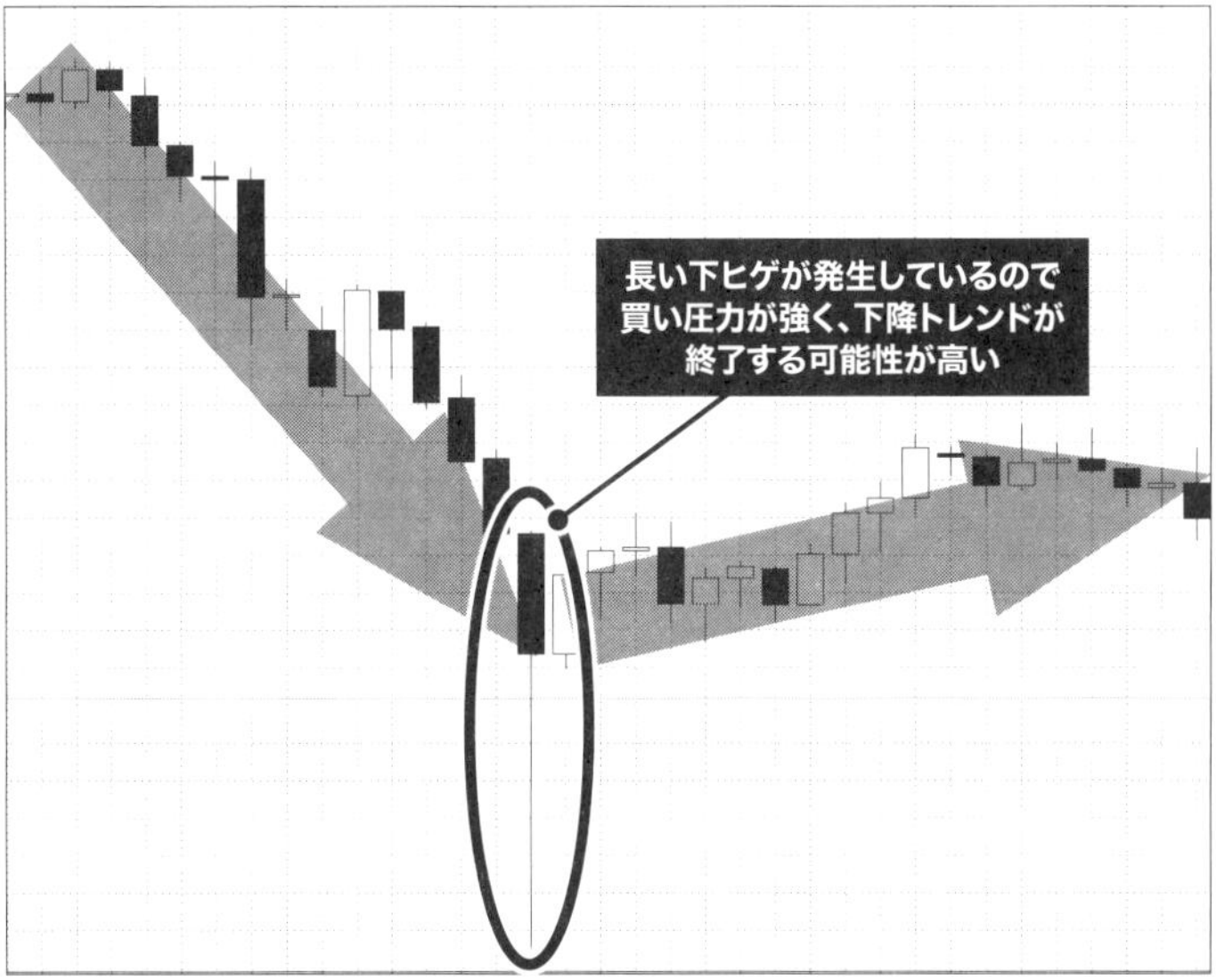
長い下ヒゲが発生しているので
買い圧力が強く、下降トレンドが
終了する可能性が高い

長い下ヒゲが発生した場合は、買い圧力が強いと判断できます。上昇トレンドやレンジに転換する可能性が高くなります。

長いヒゲは相場転換の可能性が高い

02 正確な価格を確認する

▼負ける人は正確な価格を把握していない

負けているトレーダーの共通点として、正確な価格を確認していないという点があります。負けているトレーダーの多くは移動平均線やボリンジャーバンドなどのテクニカル指標の動きや売買サインばかりを気にして、肝心な価格についてはおろそかになりがちです。

しかし、トレードをする以上、正確な価格を把握するという作業は非常に重要だと稼いでいる投資家たちは言います。

また、高値や安値を把握しようとしてチャート上に横の罫線を表示させ、価格

4本値を表示させる

MT4(MetaTrader 4)の場合

4本値は常にチェックする習慣をつけましょう。

を確かめる人もいますが、これもわずかにずれてしまうので正確な価格を把握するためには使えません（理由は後述で説明）。

正確な価格を把握するためにはチャート機能を使います。チャートの種類によって表示する方法はさまざまですが、たとえば多くのトレーダーに愛用されているチャートツールであるＭＴ４の場合は、チャート上で右クリック↓「全般」

で表示される画面（前ページ上図参照）で「4本値表示」にチェックを入れることで、MT4チャートの左上に最新のローソク足の4本値が表示されます。

高値と安値を正確な価格で把握する

なぜここまでして正確な価格を把握する必要があるのかというと、高値と安値を判断するためです。高値・安値については28ページで解説しますが、左ページチャートのように一見すると高値が同じ値に見えるようなチャートでも実際の価格は異なります。

左ページチャートの場合、1本目のローソク足の高値が107.210円で、2本目のローソク足の高値は107.207円です。2本目のローソク足が高値更新ができておらず、下降トレンドへの転換の可能性が考えられます。

正確な価格を把握する

高値を更新したかどうかで相場が変わる

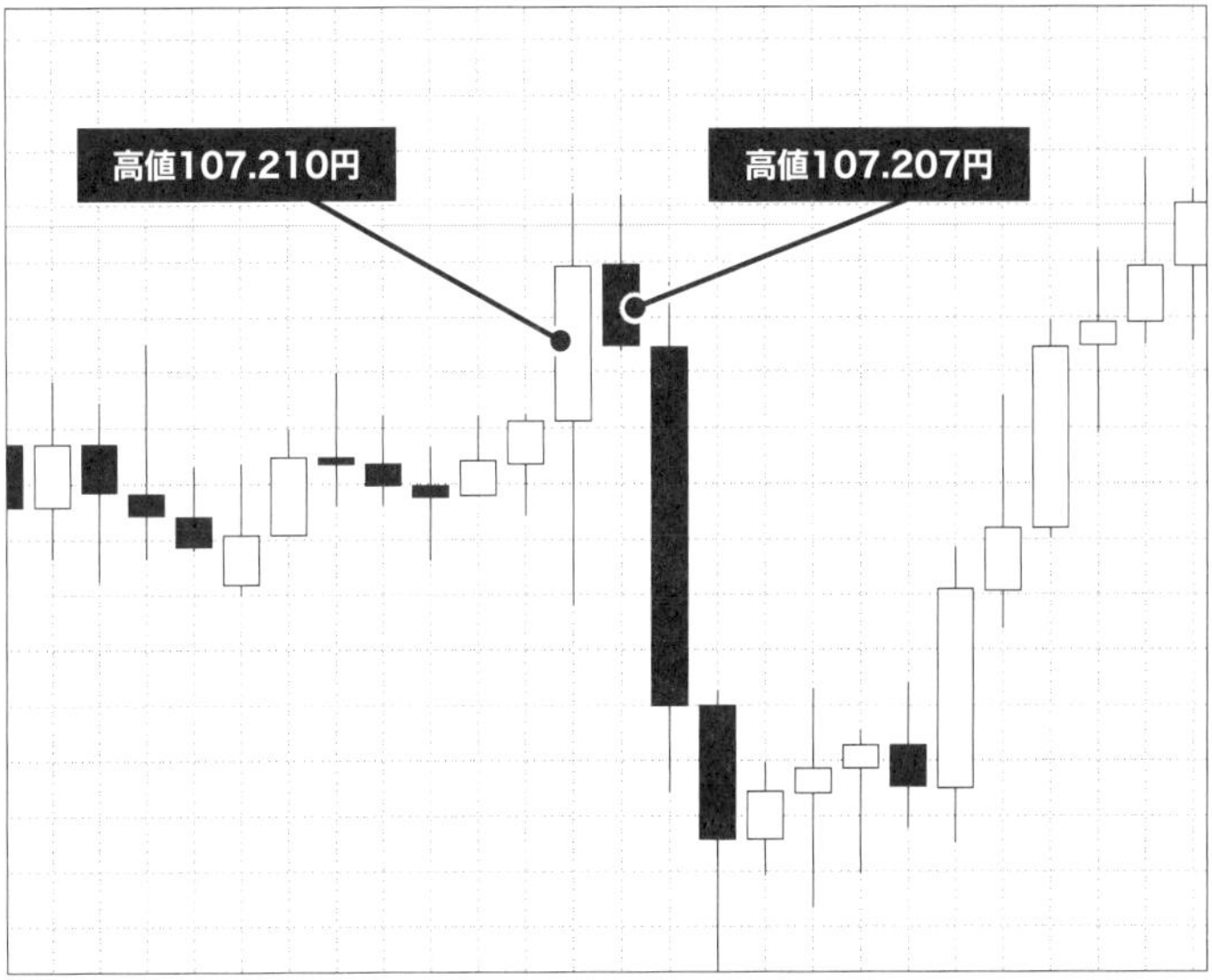
高値107.210円
高値107.207円

高値を更新しなかったことで大きく下落したと分析することもできます。

わずかな違いでも今後の相場を考える材料になる

03

相場分析において高値と安値は超重要

高値・安値の把握から始める

ローソク足の動きとの関係性を確認しよう

相場を分析する四本値のなかで重要なのは高値と安値です。なぜなら高値や安値を更新するかどうかで今後の相場の動きを分析できるからです。

左ページジチャートを見てください。上昇トレンドから下降トレンドに切り替わったことがわかるでしょう。細かく見ていくと上昇トレンド中は高値の更新が続き、高値を更新できなかったタイミングで、上昇トレンドが終わり、下降トレンドに切り替わっています。

つまり高値の更新は、上昇トレンドが継続する可能性が高く、高値を更新でき

高値・安値を更新したかどうかが重要

上昇トレンドの場合

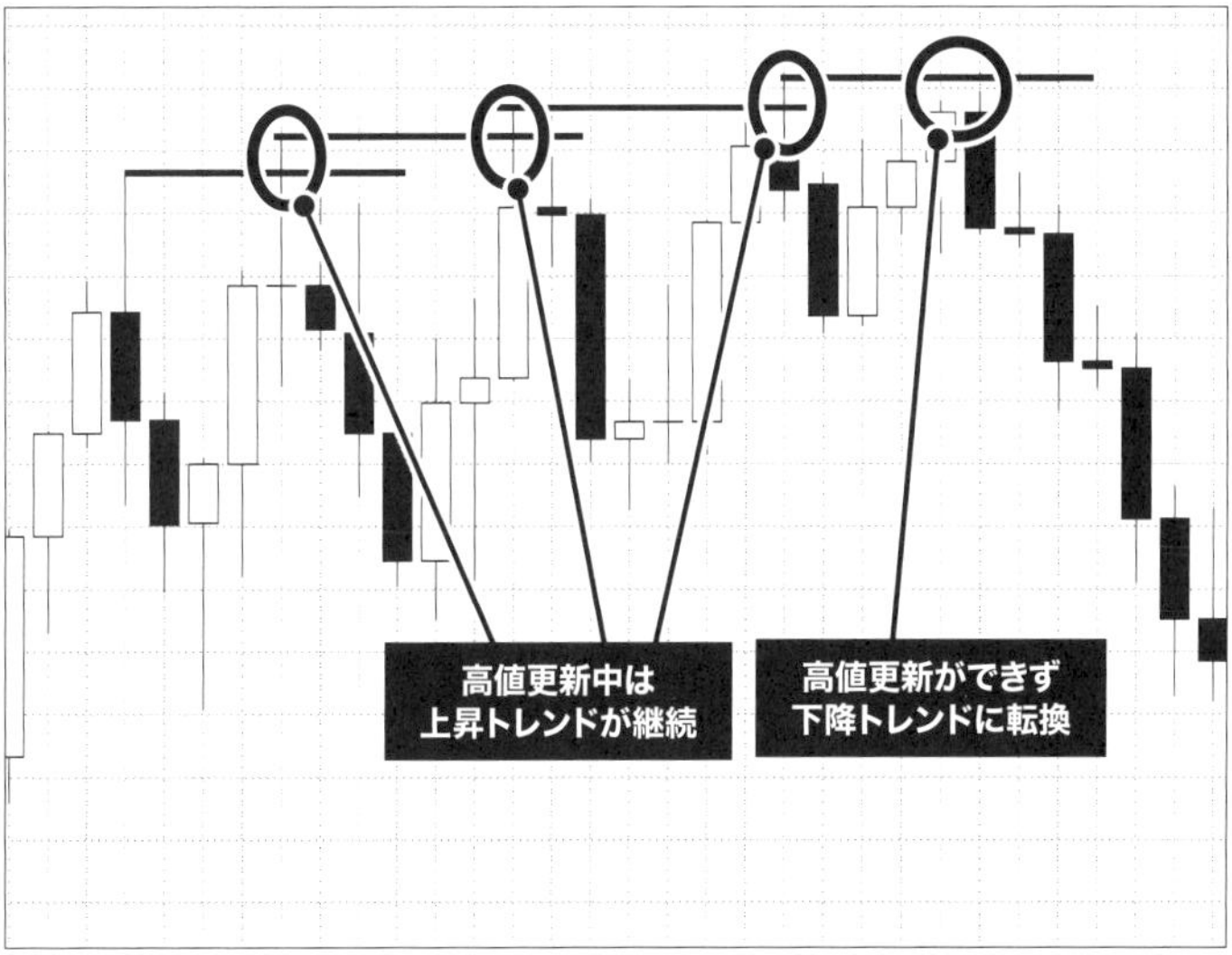
高値更新中は
上昇トレンドが継続
高値更新ができず
下降トレンドに転換

上昇トレンド中は高値更新でトレンド継続、下降トレンド中は安値更新でトレンド継続しやすくなります。

なかった場合は上昇トレンドの終了＝もみ合い相場、もしくは下降トレンドになるわけです。

これをトレードに活かすのであれば、買いポジションを持っている場合は、高値を更新できなかったらイグジットを考え、売りエントリーを狙うのであれば、高値が更新できず、安値を更新したタイミング考えるといいでしょう。

04

ローソク足2本の組み合わせの意味を知る

ローソク足２本で相場を分析

高値と安値の重要性はつかめたでしょうか。続いては、ローソク足の２本の組み合わせで値動きを見てみましょう。

ローソク足2本の組み合わせは「高値切り上げ、安値切り上げ」「高値切り上げ、安値切り下げ」、「高値切り下げ、安値切り下げ」、「高値切り下げ、安値切り上げ」の4パターンがあります。

「高値切り上げ、安値切り上げ」の値動きは上昇の動きを示します。

「高値切り上げ、安値切り下げ」の値動きは、上昇と下落の両方の動きを示して

ローソク足2本で値動きを確認

高値切り上げ、安値切り上げ

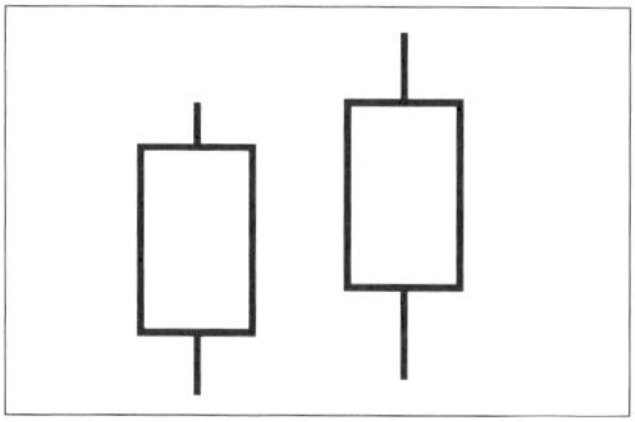

高値が更新し、安値が切り上がっているので上昇の動きを示します

高値切り上げ、安値切り下げ

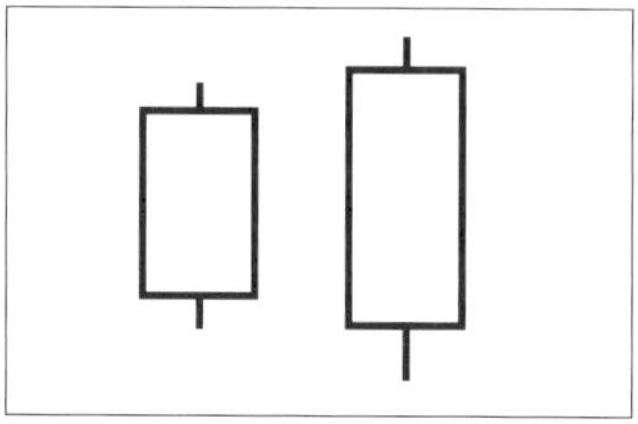

高値と安値がともに更新しているので方向性が不明慮です。

高値切り下げ、安値切り下げ

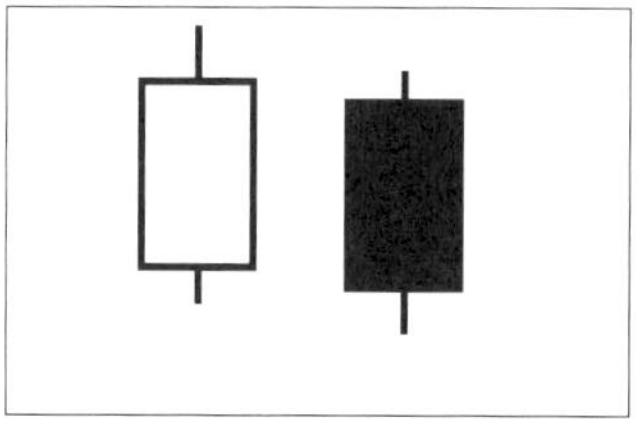

安値が更新し、高値が切り下げているので下降の動きを示します。

高値切り下げ、安値切り上げ

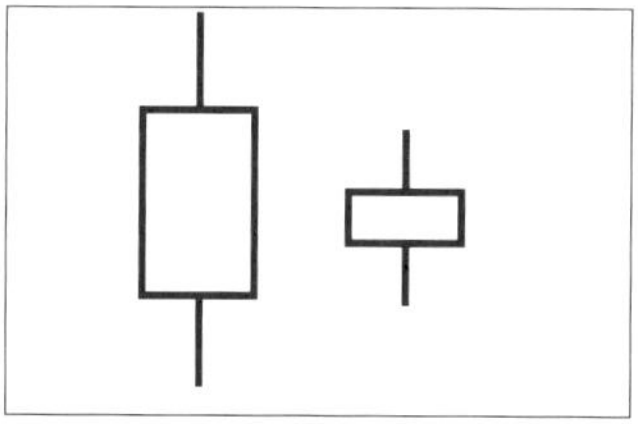

高値と安値がともに更新していないので方向性が不明慮です。

います。これだけでは方向性が不明なので、次のローソク足以降で高値・安値のどちらかを更新するのを待ちます。

「高値切り下げ、安値切り下げ」は下降の動きを示します。

「高値切り下げ、安値切り下げ」は高値・安値共に更新しておらず、上下どちらの動きが弱い状況です。

つまり、前のローソク足に対して、高値だけ更新していれば上昇の可能性が高く、安値だけ更新していれば下降の可能性が高いと判断できます。

逆に高値・安値ともに更新している場合や、どちらも更新していない場合は、相場の方向性がわかりません。

ここで注意したいのはローソク足が陽線か陰線かは関係がないことです。陰線でも陽線でも、高値だけが更新していれば上昇、安値だけが更新していれば下降、高値安値ともに更新しているまたは更新していない場合はレンジとなります。

「基本的に、トレードは高値更新か安値更新をして、上昇か下降どちらかの勢いが強いと判断したときのみです。方向性がわからない相場でトレードするのはギャンブルをするのと変わりません。ここを意識するだけでも結果は大きく変わります」と山口さんは言います。

陽線か陰線かはあまり気にしない

高値だけ更新している、安値だけ更新している場合は、相場に方向性があると判断でき、どちらも更新している場合やどちらも更新していない場合は、方向性がないレンジと判断できます。トレードするときは、二本のローソク足の動きだけでも見るようにしましょう。（浅野さん）

05

相場の節目になる高値・安値をみつける

節目となる価格を見つける

ここからは、チャート全体を見て相場分析するときのポイントを解説していきます。

チャート全体においてもっとも重要なのは高値・安値です。

ここでいう高値・安値は20ページで解説したローソク足一本の高値・安値ではなく、チャート全体を見たときに相場の節目になる高値・安値です。

チャートを見ているとわかりますが、似たような価格で上昇トレンドが止まったり、下降トレンドが止まる場合があります。こうした場面ではレンジ幅の上限や下限であったり、天井や底であると考えることができます。

このような価格が相場の節目となる高値・安値となります。節目となる高値・安値がわかれば、そこで上昇トレンドや下降トレンドが終わるのでイグジットの基準になったり、その価格をブレイクすればさらに勢いが増すのでエントリーの基準にするなどの戦略が立てられます。

ただし、このような場面でも厳密に同じ価格になることはほとんどなく、数pips～数十pipsのずれはあります。

高値・安値が重要

チャート全体の動きを見るときも高値・安値がもっとも重要です。相場の節目になる高値・安値は多くのトレーダーに意識され、その価格で売買されやすい傾向があります。そのため、そこから相場の動きが変化する可能性が高いと言えます。（篠原さん）

常に高値・安値を意識する

実際に上昇トレンドの上昇が止まったり、下降トレンドの下降が止まるまではどの価格が節目となる高値・安値かはわからないので、常に節目となる高値・安値の候補になる価格を意識する必要があります。

左ページチャートを見てください。このチャートには4つの節目となる高値①、②、③、④があります。このチャートを左側から見ていくと、①でいったん高値を付けて下落しています。その後、再び上昇して②で高値を付けて再び下落、③と④も同様の経緯で高値を付けています。

その後④の価格付近でローソク足は反発しているので、④は相場の節目になる高値だと判断できます。

ローソク足の形で相場を分析

節目となる高値を見つける

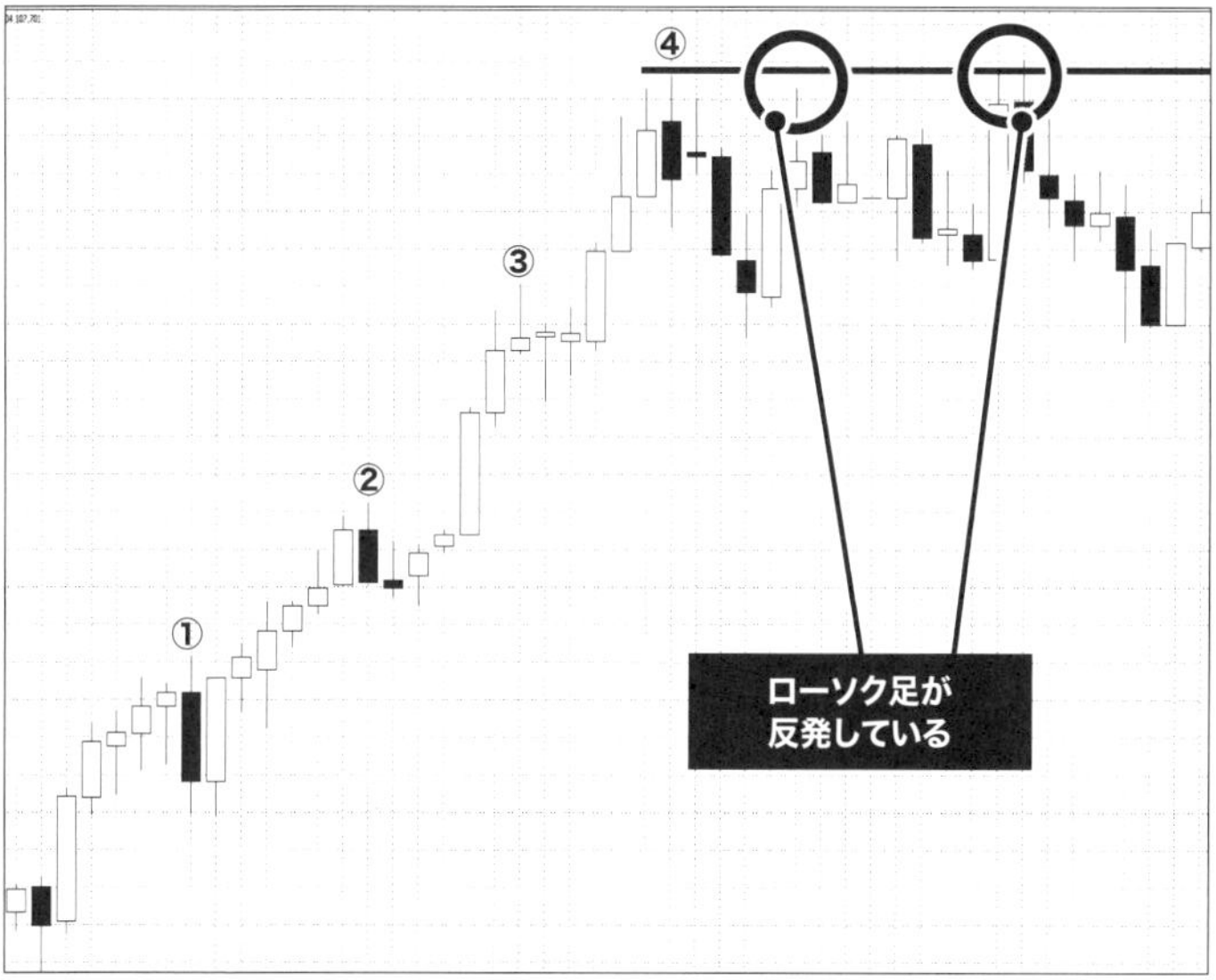
①
②
③
④
ローソク足が
反発している

何度も価格付近で反発しているときは節目となる高値だと判断します。

節目となる
高値・安値は
常に把握しよう

テクニカル指標を組み合わせることでより精度を上げる！

06

異なる時間足で流れをつかむ

縮小してチャートを見るのはNG

相場を見るときは異なる時間足を見ることも重要です。よく1時間足を4本束ねると4時間足になるので1時間足の画面内に表示するローソク足の本数を増やして表示すれば長期チャートを見るのと同じだと考える人もいますが、それは間違っていると稼いでいる投資家たちは言います。たしかに、言ってること自体は間違いではないのですが、縮小しすぎてしまうとローソク足の高値・安値がわからず意味がありません。

左ページのチャートは縮小した1時間足チャートですが、一本一本のローソ

チャートを縮小すると見にくい

縮小した1時間足チャート

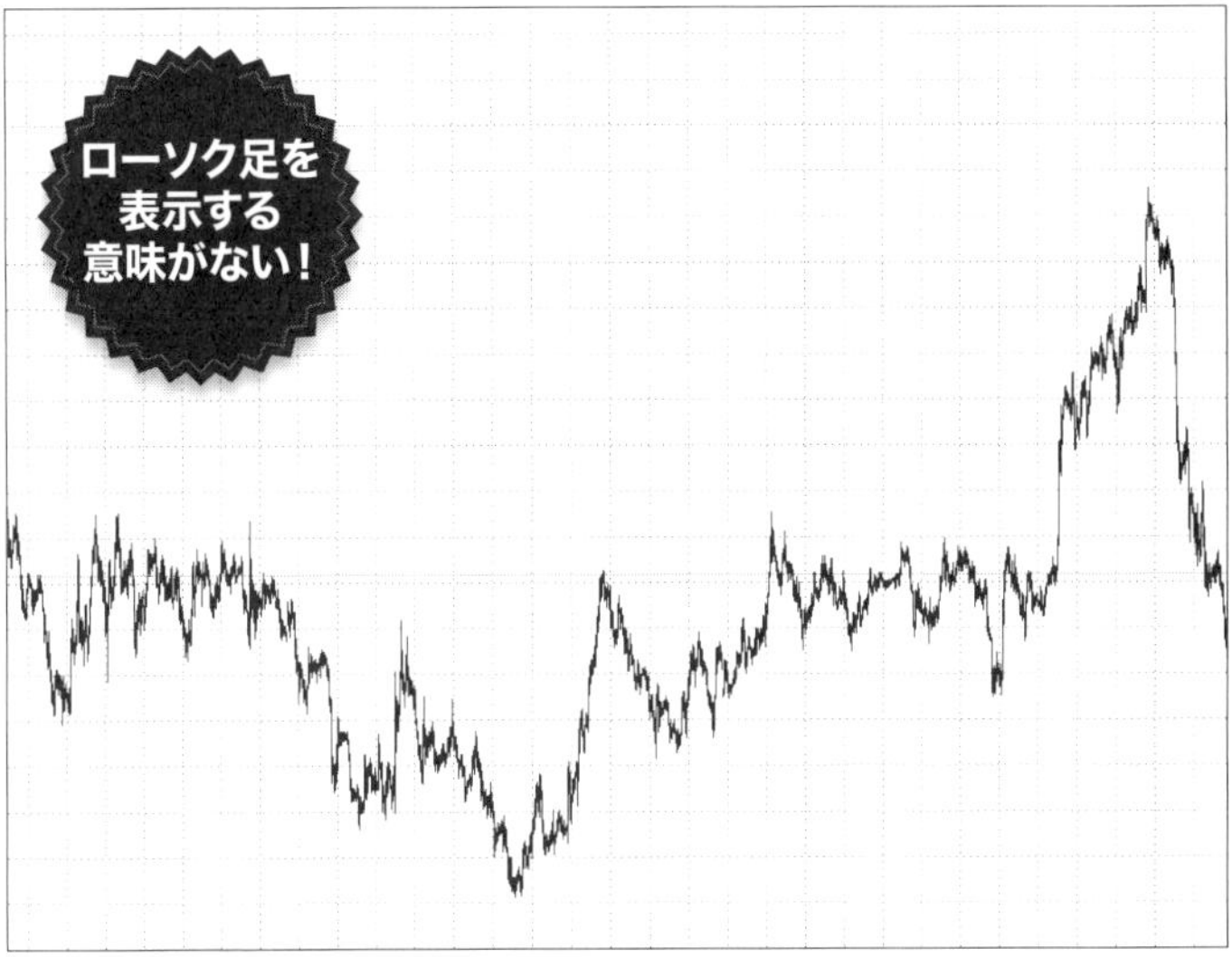

ローソク足の判別ができないので、ローソク足チャートにする意味がありません。

ク足が判断できないため、ローソク足チャートで表示する意味がありません。

時間足の見方

基本的に短期の時間足では短期の相場、長期の時間足では長期の相場を見ることになります。

トレードに使う時間足によってどの時間足を重視するのかは異なりますが、ひとつの時間足ではなく、複数の時間足で総合的に相場を判断します。

1時間足チャートでトレードするときに、1時間足だけ見ればトレードできると考えてしまいがちです。もちろん、トレードするためには1時間足チャートは重要ですが、4時間足や日足などの長期チャートも重要です。

これまで説明したように1時間足、4時間足、日足それぞれでの時間足で高値・安値やローソク足の動きを把握することでそれぞれの時間足でのトレンド、節目となる高値・安値から、現在どのようにローソク足が動いているのかを確認し、エントリー理由やイグジット理由を考えていきます。

1時間足だけでトレードすると短期的なトレンドのみで判断することになります。たとえば、4時間足や日足で上昇トレンドでも1時間足では下降トレンドの場合もあります。長期トレンドが上昇トレンドだとわかっていれば、長期トレンドと短期トレンドが反しているからトレードをやめることもできますし、売りポジションを持つにしてもすぐにイグジットするといった判断ができます。

総合的な判断が重要

時間足をひとつに絞ってトレードするのではなく、複数の時間足で総合的に相場を判断することが重要です。特に、トレードに使う時間足よりも長期の時間足のトレンドを把握することで、大きな損失を防ぐことにつながります。（岡崎さん）

陰線だけ、陽線だけでローソク足は動かない

07 教科書的な綺麗なチャートにはなりにくい

実際のチャートの動きは複雑

ローソク足は陰線と陽線で表示されるので、初心者でも視覚的にわかりやすいです。とくに書籍やブログなどではわかりやすいチャートで説明するので、それを見てわかった気になるトレーダーは多いでしょう。

しかし、実際のチャートは陰線と陽線が入り乱れ、教科書みたいに綺麗なチャートでない場合がほとんどです。そのため、綺麗なチャートに慣れた投資初心者は困惑し、どこでエントリーし、どこでイグジットしたらいいのかがわからなくなってしまいます。

わかりやすいチャートはない

陰線だけが連続する下降トレンドや、陽線だけが連続する上昇トレンドは滅多に出現しません。陰線と陽線が入り乱れながら上昇や下降するケースがほとんどです。陰線か陽線かにとらわれずにチャートを見ることが必要です。(岡崎さん)

値動きを見ることが大事

投資初心者が困惑してしまうのは陰線か陽線かだけでローソク足を判断してしまうからです。

実際のトレードにおいて重要なのは、そのローソク足がどんな形をして、前後のローソク足と比べてどのような変化があるのかという点です。

たとえば、陽線が連続して出現している中で陰線が出現した場合、ただ陰線が出たから下降トレンドの可能性があると考えるのではなく、陰線が出現したけれども、高値は更新しているから、上昇トレンドの継続の可能性は高く、また、実体が短いから下降トレンドに転換したと判断するには材料不足などさまざまな考え方があります。

逆に、陽線が連続していても、高値を更新できずに安値を更新した場合は、上昇トレンドの終了の可能性が考えられます。また、実体の短い陽線が連続している場合もトレンド転換の可能性を疑うべきです。

「陰線、陽線はあくまで目安程度にとどめておいた方がいいでしょう。それよりも、こまかな値動きや高値や安値がどのように変化しているかを確認することです。これができるようになると今相場がどのように動いているのかがわかるようになってくるはずです」と篠原さんは言います。

このように相場を分析することで陰線か陽線かだけに振り回されずにトレードできるようになります。

ローソク足の形や前後との関係を見る

なかなか現れない綺麗な形のチャートを探すのではなく、前後のローソク足との形の違いや、ローソク足1本から得られる情報をみて、相場分析を行います。陰線か陽線かだけにとらわれてしまうと相場分析がおぼつかず、トレードで勝つことはできません。（山口さん）

多数派が向かう方向を知ることで相場の動きがわかる

08 相場は多数派が向かう方向に動く

複雑に考えすぎない

相場を分析するときに複雑に考えるトレーダーが多くいますが、実際のところ相場が動く理由はとても単純です。

「価格が上がる＝買う人が多い」

「価格が下がる＝売る人が多い」

本質的に相場が動く理由はこのふたつだけです。

この買う人のなかには「売りポジションを持っている人がイグジット」が入りますし、売る人のなかには「買いポジションを持っている人がイグジット」も入ります。もちろん、トレーダーの売買だけではなく輸出入などの実体経済の影響もあります。

ＦＸにおいて勝つために必要なことは、買い手と売り手のどちらが優勢かを判断することです。

相場が動く理由は単純

相場が動く理由は「買う人が多い」のか「売る人が多い」のかのふたつです。多くのトレーダーは複雑に考えてしまいがちですが、実際相場が動く理由はとても単純なのです。このことを意識するだけでも、相場分析の考え方につながり、トレードの結果は大きく変わります。（浅野さん）

▼チャートの動きから相場を分析する

ＦＸにおいてなぜ動いたのかを知る必要はあまりありません。相場が動く理由はファンダメンタルズの影響だったり、大口投資家の動きだったりさまざまな理由を予想することはできますが、なぜ動いたのかという正解はだれにもわかりません。それならば、正解がないことを考えるだけ無駄なのです。

もちろん、世の中の動きを知ることは重要です。世界情勢の影響で相場に影響を与える可能性はあります。しかし、世界情勢が相場に影響を与えたとしてもそれを知ることができるのは相場が動いた後だけなのです。

ファンダメンタルズ分析に力を入れるよりもチャートの動きから相場分析を行い、今後の相場の動きに対して、自分はどのようにトレードするべきなのかを考えたほうがトレーダーという立場においては重要です。

相場を予測することにはあまり意味がありません。それよりも、今相場はどんな状況なのかを確認して、相場の動きに対してどのようなトレードをするべきなのかを考えることが重要です。

ファンダメンタルズ分析はあまり必要がない

アメリカの選挙や要人発言などは相場への影響が大きいため、無視できませんが、平常時のファンダメンタルズ分析はあまり必要がありません。それよりも、相場分析を行って、今の相場がどのような状況下にあるのかを判断したほうがトレードには役立ちます。（山口さん）

第2章

成功投資家たちが教える相場の読み方

相場の読み方は奥が深い。成功投資家たちは、ローソク足の動きから相場を読み解いている。成功投資家たちが何を見て、どう活用しているのかを解説しよう。

01 ローソク足から売り手と買い手の力関係を判断

▼売り手・買い手の強さをみてついていく

相場分析をするうえで重要な事柄のひとつが売り手と買い手の力関係を判断することです。1章の46ページでも解説したように、売り手の力が強ければ下降トレンド、買い手の力が強ければ上昇トレンドになります。

そのため、買い手と売り手の力関係を判断して、強い方についていくことがFXで勝つための秘訣でもあります。強い方についていくのがトレンドに対して順張りを行うことです。逆張りについては、否定するものではありませんが、順張りに比べると勝ちにくいというのが本書で紹介する投資家の見解です。

ローソク足から力関係を判断する

売り手と買い手の力関係を判断するためにはローソク足をみます。新しいローソク足が出現するたびに、確定した1本前のローソク足をみて、売り手と買い手の力関係を見ます。

たとえば、55ページのようにローソク足が確定し、新しいローソク足が出現しています。今回はこの前の相場状況はあえて考慮に入れず、このふたつのローソク足から売り手と買い手の力関係を考察していきます。

力が強い方についていく

買い手と売り手の力関係を判断して、強い方についていくことがFXで勝つために必要です。どちらの力が強いかはローソク足をみて判断します。（山口さん）

1本目のローソク足は確定しているので高値と安値も決まっています。このローソク足は陽線なので見るべき価格は高値です。

この高値の価格までは買い手が優勢でしたが、高値の価格より上は売り手が優勢だと判断できます。また、高値から終値にかけては売り手も強い状況です。

2本目のローソク足が1本目のローソク足の高値を超えれば買い手の力が強くなったことを意味するので、エントリーを狙います。

逆に高値を超えられなかった場合は、相場の方向性がよくわからない状態なのでエントリーは行いません。

このように高値・安値から売り手と買い手の力関係を判断してエントリーを考えることが相場分析によるトレードの第一歩となります。

売り手と買い手の力関係を判断する

高値を超えるかどうかが重要

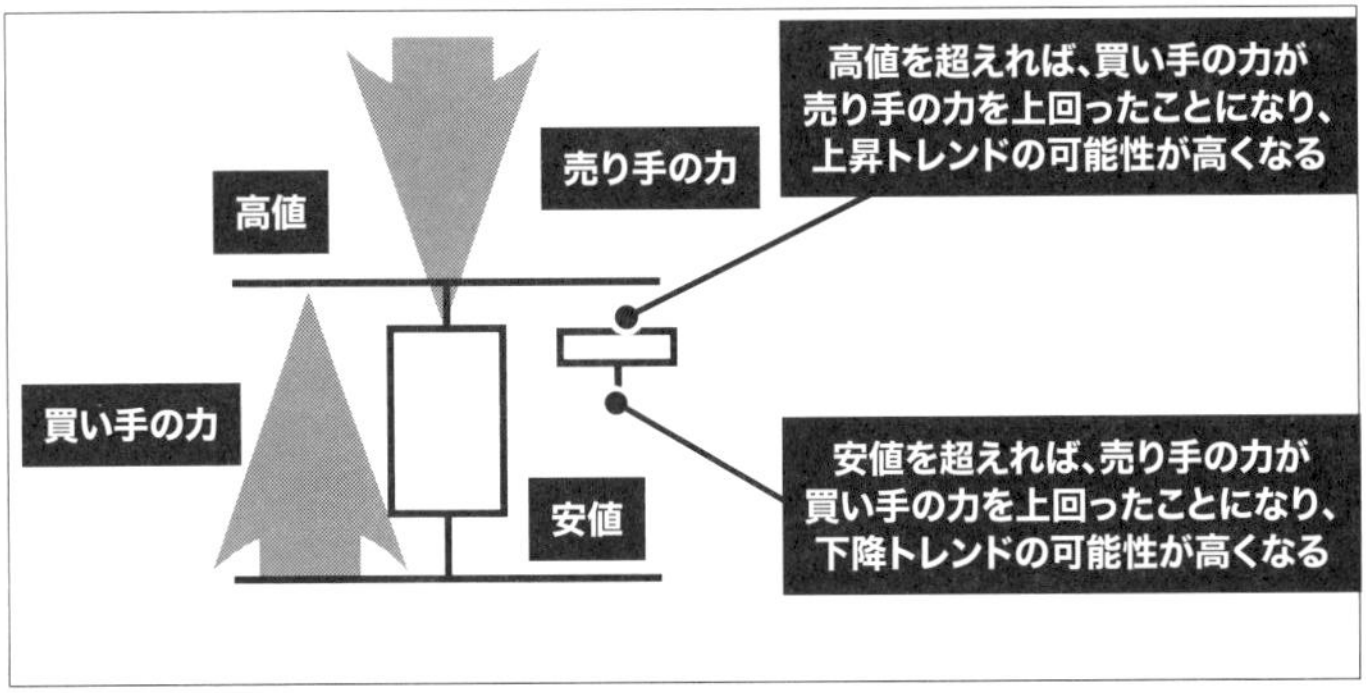
高値を超えれば、買い手の力が
売り手の力を上回ったことになり、
上昇トレンドの可能性が高くなる
売り手の力
高値
買い手の力
安値
安値を超えれば、売り手の力が
買い手の力を上回ったことになり、
下降トレンドの可能性が高くなる

ローソク足から買い手の力と売り手の力を読み取り、今現在どのような状況にあるのかを把握します。

買い手と売り手の
力関係を判断しましょう

02

1本のローソク足から読み取れる情報

▼売り手・買い手の強さをみてついていく

1章の20ページでローソク足一本から読み取れる情報を紹介しました。ここでは、ヒゲや実体からどのように判断するのかを基本から説明していきましょう。

まず実体ですが、これは始値から終値までの値幅です。たとえば1時間足で20pipsの長さの実体だった場合は、1時間で最終的に動いた値幅も20pipsということになります。これは、実体が長いほど、陽線の場合は上昇トレンド、陰線の場合は下降トレンドの勢いが強いということになります。逆に実体が短い場合は、トレンドの勢いが弱いことを示唆します。

ヒゲは、終値（始値）から高値（安値）までの値幅を示します。陰線の上ヒゲは始値から高値までの値幅、下ヒゲは終値から安値までの値幅になり、陽線の上ヒゲは終値から高値までの値幅、下ヒゲは始値から安値までの値幅です。

ヒゲから読み取れるのは買い手や売り手の力関係です。

たとえば、上ヒゲが長い陽線が出現した場合、値動きはいったん大きく上昇した後に、大きく下落したということになります。陽線なので最終的には上昇で終わっていますが、売り手の力も強いので、下降トレンドの転換も考えられます。

陽線で下ヒゲが長い場合は、大きく下落した後に大きく上昇したという値動きです。大きく下落しているので売り手の力が強い一方で、大きく戻して陽線になっているので上昇の力も強いです。

下ヒゲも上ヒゲも長い場合は、売り手と買い手の力が拮抗しており、方向性がはっきりしていないと判断します。

59ページでヒゲと実体の状況に合わせての読み取れる情報を解説しているので参考にしてください。

▼相場分析に迷ったときに役立つ

ローソク足1本で見る相場状況はこれから説明していく相場分析の肉付けとして利用します。

たとえば、上昇トレンド中に高値を更新できなかったときに、ローソク足一本の動きから買い手・売り手の力関係を計るときに役立ちます。

「ローソク足1本から見る相場状況は全体のトレンドを見てわかりにくかったり、判断に迷う局面で役立ちます。また、レンジ相場の下限で売り手の力が強かったり、上限で買い手の力が強いと判断できれば、レンジブレイクの可能性も考えられます。」と阿部さんは言います。

ローソク足1本から見る相場状況

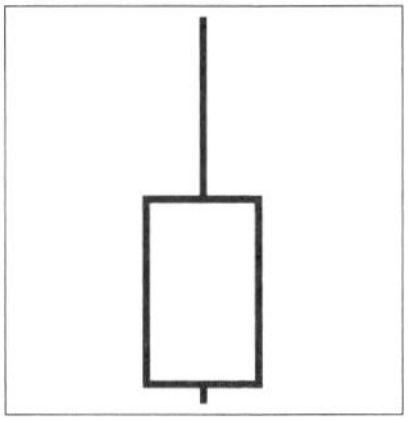

買い手も売り手も強い状況。上昇トレンド中に高値を更新できずに出現したら、下降トレンドへの転換の可能性があります。

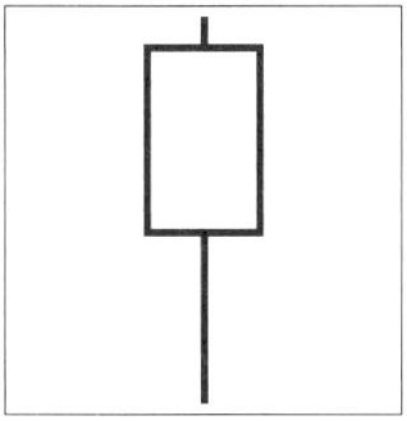

売り手の力が一時的に強くなった状況。最終的に陽線になっているため、買い手の力が上回っています。

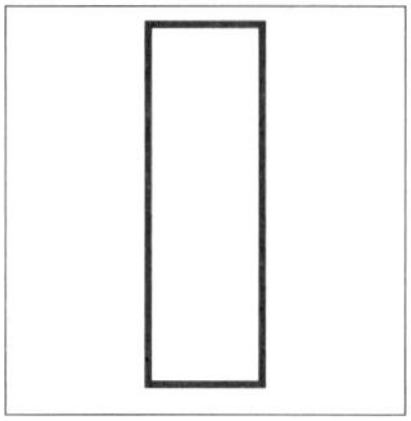

買い手の力が一方的に強い状況。強力な上昇である一方で、以降の時間足でリバウンドする可能性もあります。

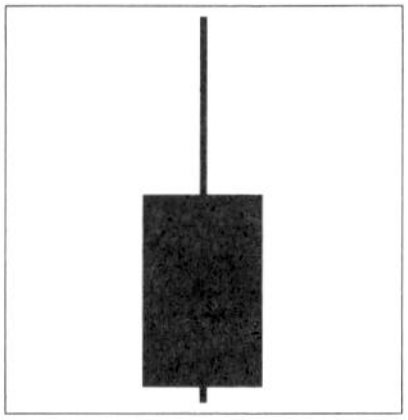

買い手の力が一時的に強くなった状況。最終的に陰線なので売り手の力が上回っています。

買い手も売り手も強い状況。下降トレンド中に安値を更新できずに出現したら下降トレンドへの転換の可能性があります。

売り手の力が一方的に強い状況。強力な下降である一方で、以降の時間足でリバウンドする可能性もあります。

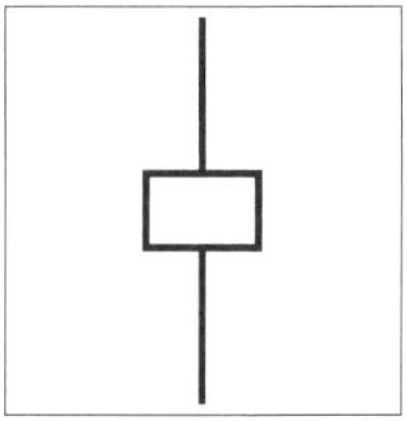

買い手と売り手の力が拮抗している状態です。

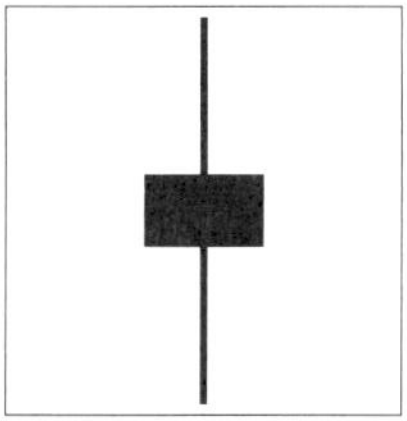

買い手と売り手の力が拮抗している状態です。

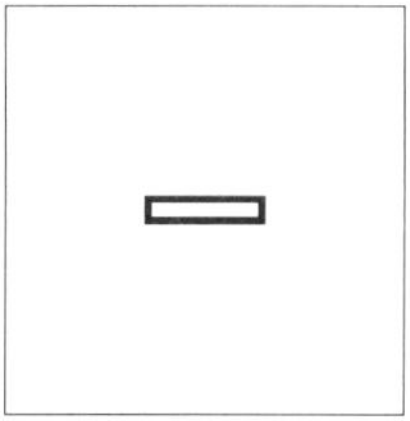

相場に動きがほとんどない状態です。

03
上昇中の陰線・下降中の陽線が意味すること

押し目や戻りの目安程度に考える

本書で紹介する投資家がよく質問される事項のひとつに「上昇トレンド中の陰線や下降トレンド中の陽線はどのように考えればいいのか」というものがあります。初心者は特にそうですが、上昇トレンド中に陰線が発生したり、下降トレンド中に陽線が出現するとトレンドが終わったと思いこんでしまうといいます。しかし、この考え方は間違っていると投資家たちは口をそろえて言います。

「上昇トレンド中の陰線や下降トレンド中の陽線に特に大きな意味はありません。押し目や戻りの目安程度に見ていますが、陰線や陽線が出たからといってイグジットすることはありません」と岡崎さんは言います。

トレンドが続いているかどうかは52ページで紹介したように高値・安値を更新しているかどうかで判断します。そのため、上昇トレンド中に陰線が出ていても高値を更新していればトレンド継続と判断します。

むしろ、上昇トレンド中に陰線が出現した場合は、その陰線か手前のローソク

陰線か陽線かはあまり関係がない

相場分析をするうえで陰線か陽線かはあまり関係ありません。それよりも高値や安値を更新したかどうかが重要です。上昇トレンド中の陰線や下降トレンド中の陽線は直前またはその陰線・陽線で高値や安値を付けていることが多いので、高値・安値を更新しているかを判断する基準になります。（岡崎さん）

足で高値を付けている可能性が高いため、その高値が更新しているかどうかを見るほうが重要です。

「そもそも、1時間足では陰線でも4時間足（1時間足4本分）で見たときは陽線の場合もありますし、陰線か陽線かだけで判断するのは危険です。ローソク足で陽線と陰線を表示するのはパッと見たときに大体どっちの方向かを判断するのには便利ですが、細かい分析をするときは、陰線か陽線かに振り回されずに行うことが重要です」

上昇トレンド中の陰線

前後で高値をつける

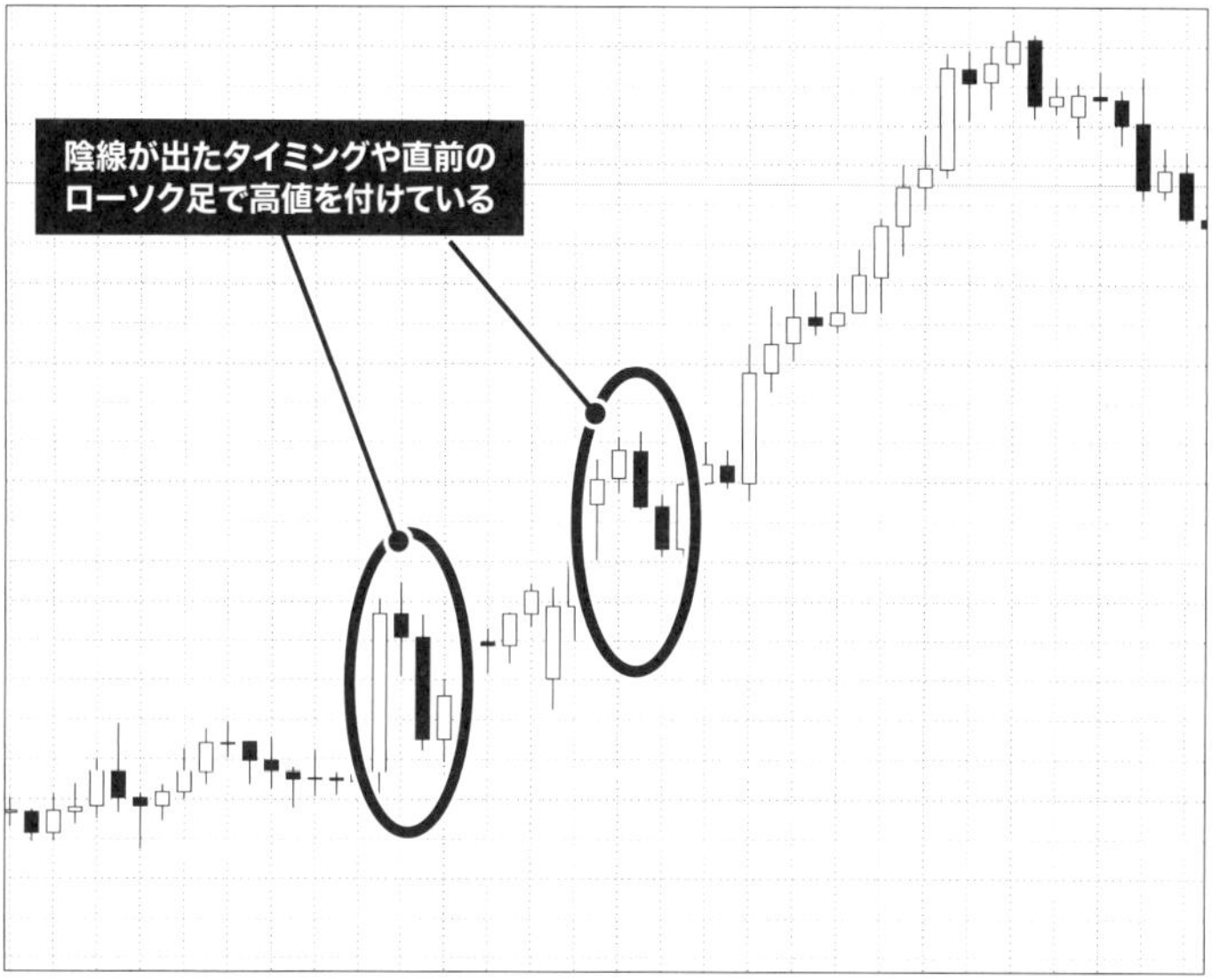
陰線が出たタイミングや直前の
ローソク足で高値を付けている

上昇トレンド中の陰線はそのローソク足や直前のローソク足で高値を付けている場合が多くなります。

高値・安値の確認をしましょう

04

0・1PIPSでも高値・安値を更新していることが重要

わずかな違いで相場分析結果が変わる

これまで解説してきたことからもわかるように高値・安値は相場を分析する上で非常に重要ですが、トレードで負けている人がよくやってしまいがちなのが、「高値（安値）が大体同じだからまだ様子見しよう」という考え方です。

相場分析する上でこの「だいたい同じ」という考え方は非常に危険です。

「0・1pipsでも高値や安値を更新していたら、相場が変わる可能性がありますし、更新していなかった場合も相場の状況によってはその後の動きに変化が起きる可能性もあります。どちらにしても、同じ値になることはないので、だいたい同じと考えること自体が危険です」というのは、山口さんの意見です。

為替相場は多数の参加者がいて、巨額の資金が運用されています。そのなかで少しでも高値を更新したということは、相場が上昇に動いていると考えることができます。このような細かな動きをしっかりと確認することが利益につながります。

少しでも更新していればトレンド継続の可能性が高い

高値・安値は0・1pipでも更新していればトレンドが継続する可能性が高いです。逆に0・1pipsでも更新できていなかった場合は、トレンドが終了し、レンジかトレンド転換する可能性が出てきます。実際の相場では同じ値になることはほぼないので、更新したか、していないかをチェックしましょう。（山口さん）

▼更新すればトレンド継続、更新しなければトレンド終了の可能性

実際にトレードするときは、上昇（下降）トレンド中に0・1pipsでも高値（安値）を更新していれば、上昇（下降）トレンド継続の可能性が考えられ、0・1pipsでも高値（安値）を更新できなければ下降（上昇）トレンドへの転換やレンジ相場入りが考えられます。

そのほかにもレンジ相場中にレンジの上限や下限を少しでも超えた場合は、トレンドが発生する可能性も考えられます。

高値・安値の更新を確認する

わずかでも更新しているかどうかが重要

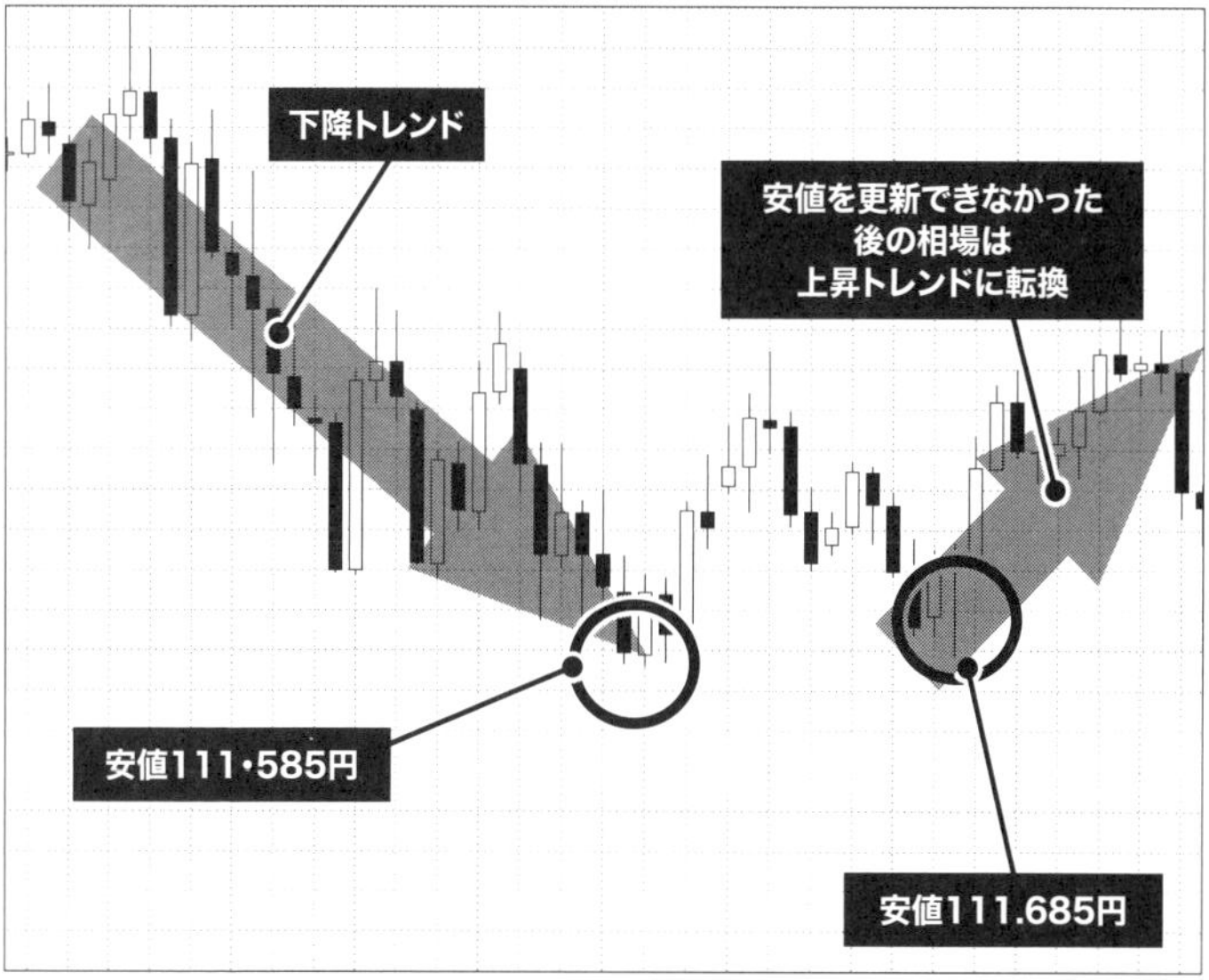
下降トレンド
安値を更新できなかった
後の相場は
上昇トレンドに転換
安値111・585円
安値111.685円

0.1 円更新できなかったあとに上昇トレンドに転換しています。

高値・安値が
更新できなかった場合は
トレンド転換しやすい

05

過去の高値や安値を目安にする

過去の高値や安値を確認する

過去の高値や安値は相場を分析する上で非常に重要です。1章の34ページで節目になる高値・安値を見つけることの重要性を説明しましたが、さらにその高値や安値をどのように使うのかを説明していきましょう。

左ページのチャートを見てください。過去の安値付近でローソク足が反発しています。これはこの価格が意識されている可能性があると考えることができます。この後の動きの可能性のひとつとして、今後この安値を更新するかどうかで相場の動きに変化が出ると考えることができます。

過去の安値を更新できなかった場合はレンジ相場や上昇トレンド、更新した場合は下降トレンドになる可能性があります。

高値・安値を更新したかどうかが重要

上昇トレンドの場合

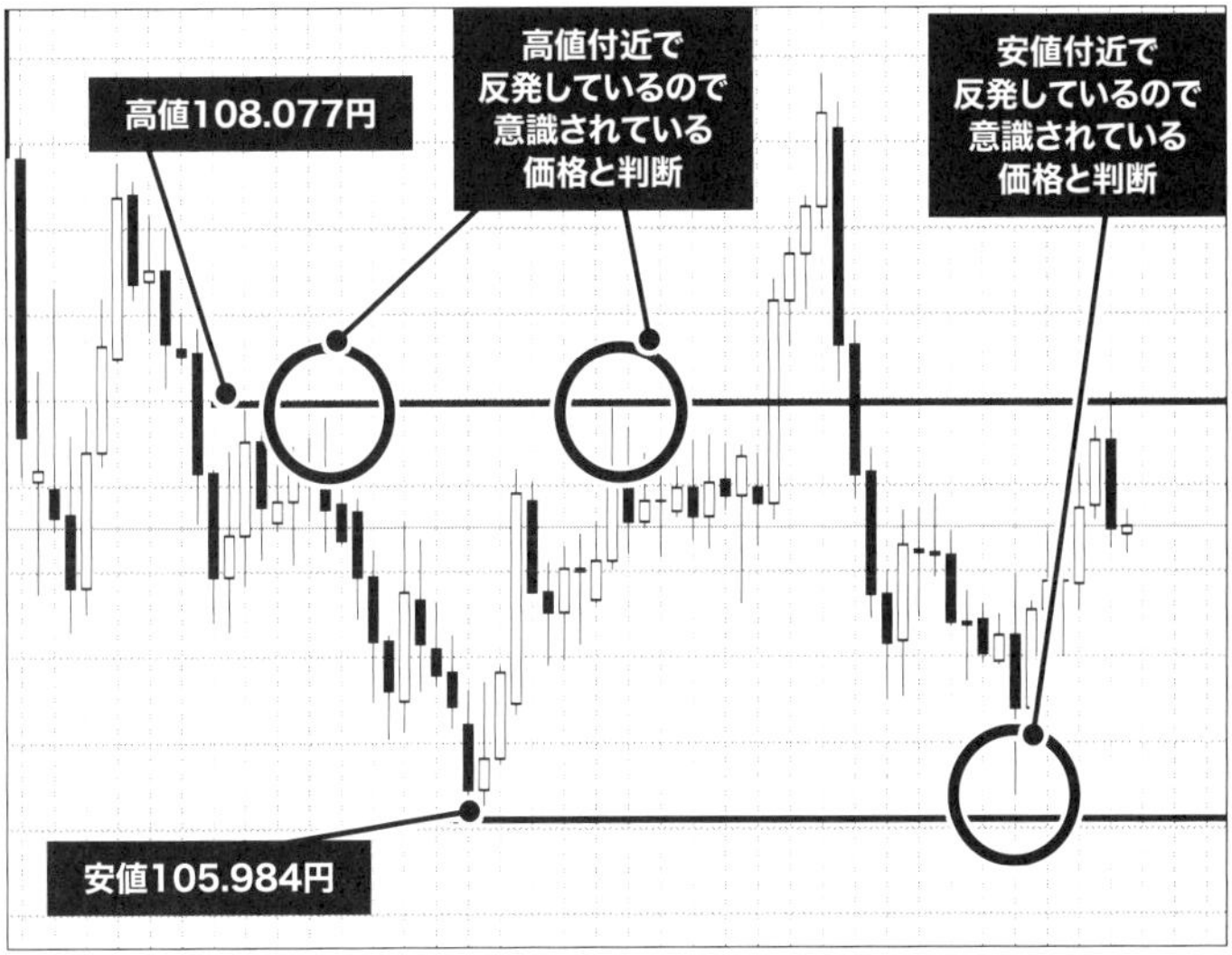
高値108.077円
高値付近で
反発しているので
意識されている
価格と判断
安値付近で
反発しているので
意識されている
価格と判断
安値105.984円

上昇トレンド中は高値更新でトレンド継続、下降トレンド中は安値更新でトレンド継続しやすくなります。

続いて、高値も見てみましょう。高値も過去の高値が意識されているように見えます。また、この高値は108円付近にあるので、意識されやすい価格になっているとも考えられます。

また、108・00円や109・00円といった切りが良い数字の前後は買いと売りともに注文が入りやすい傾向があります。そのため、それらの価格付近ではローソク足がいったん止まる傾向があります。また、これらの価格を突破した場合は大きく価格が動く動くこともあります。

相場を分析するときは更新したかどうかが重要

トレードにおいて重要なのは相場の動きに乗ってエントリーすることです。予想するのではなく、相場が動いた事実に合わせてエントリーします。そのため、過去に意識されている高値や安値の情報をもとに、高値を更新したという事実に合わせて買いエントリーを行い、安値を更新したという事実に合わせて売りエントリーを行います。

「たとえば、意識されている安値を更新し、下降トレンドが始まったという事実を確認してから売りエントリーをすることが重要です。安値の更新を確認せずにテクニカル指標で売りサインが出ていることを理由にしてしまうと、負けてしまいます」と浅野さんは言います。

更新したかどうかを確認する

安値を更新したら売りエントリー

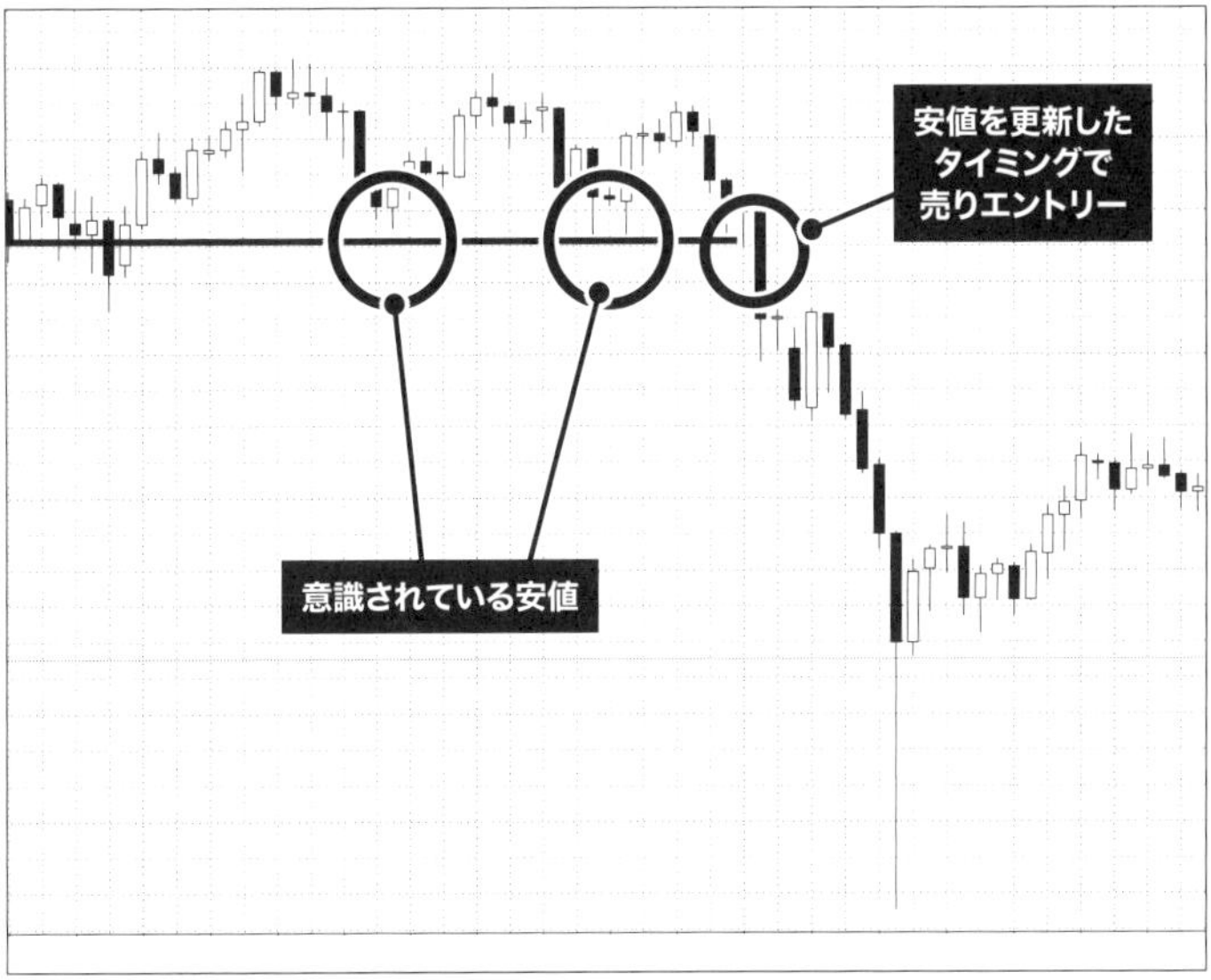
安値を更新した
タイミングで
売りエントリー
意識されている安値

意識されている安値を更新すると下降トレンドにつながる可能性が高いため、売りエントリーのチャンスになります。

意識されている
高値・安値を更新すると
トレンドが発生しやすい

06

日足で高値・安値を確認することが重要

日足でその日の動きを確認する

トレードするときは、いったん日足を確認して、買いか売りかを判断するという投資家も多くいます。

「デイトレードであれば、前日高値を更新していれば買い、前日安値を更新していれば売り、どちらも更新していたり、更新していなかったらその日はトレードしないというルールを決めるのもおすすめです」と阿部さんは言います。

特に兼業投資家の場合は、トレードに避ける時間が少ないので、高値と安値の状況を見て売買判断をすれば無駄な時間を使わずにすみます。さらに付け加えるのであれば、上昇トレンド中の高値更新、下降トレンド中の安値更新のみのトレードに絞るのもひとつの手だといいます。

「基本的に高値と安値の更新さえ確認すればその日一日の相場の方向性がわかります。もちろん急な動きで分析に反した動きをすることもありますが、それは予想できないものですし、気にするだけ無駄です」というのが浅野さんの意見です。

日足の高値・安値からその日の相場の方向性を確認して投資戦略を考えるということを意識していきましょう。

日足でその日のトレンドを確認する

日足で前日高値・前日安値を更新しているかどうかで、その日のトレンドの方向性がわかります。時間があまりとれない人は上昇トレンド中の高値更新・下降トレンド中の安値更新しているときに絞ってトレードすると時間を節安しつつ効率的にトレードできます。（阿部さん）

あまりにも大きく動いているときは様子見

日足をチェックしたときにあまりにも大きく動いているときはいったん様子見に徹したほうがいいです。

「大きく動いているときは、高値・安値など関係なくトレードは控えたほうが良いでしょう。相場に乗ってトレードすることは大事ですが、激しく動いている相場では、リバウンドする可能性も高いので、リスクが高く、トレードすることはおすすめしません」と篠原さんは言います。

長い陰線・陽線に注意

ヒゲや実体が極端に長いローソク足が出現したときは、リバウンドの可能性が高いので注意してください。とくにヒゲが長く伸びている場合は、長いひげとは逆方向に大きく動く可能性が高いので、トレードは控えたほうが良いでしょう。（篠原さん）

大きく動いたときは注意

長いヒゲは相場の流れが変わりやすい

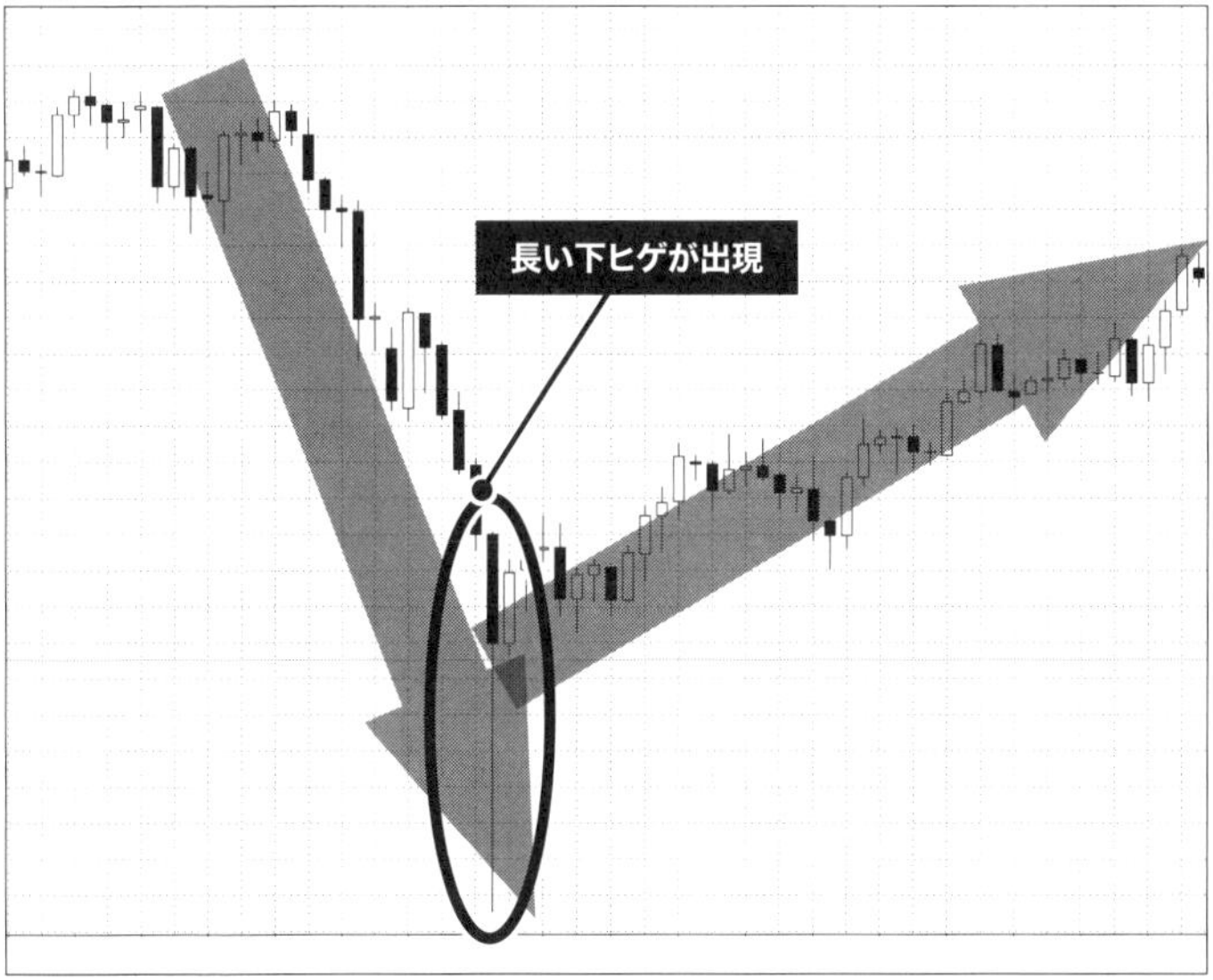
長い下ヒゲが出現

長いひげが出た場合は、トレンドが転換する可能性が高くなります。

長い実体やヒゲは相場が転換する可能性が高い

07

安値と高値の両方更新は方向性に迷いがある

日足でその日の動きを確認する

1章の30ページでは、安値・高値の両方が更新したときはトレンドの方向性に迷いがある状態と説明しましたが、実際のチャートを見ながらもう少し詳しく見ていきましょう。

左ページのチャートは上昇トレンド中に安値と高値の両方を更新したローソク足が出現しています。安値と高値の両方を更新したローソク足が出た時点では相場に迷いが出ていると判断します。実際に方向性がはっきりしないもみ合い相場となっています。そのため、この時点ではトレードは控えたほうがいいでしょう。

高値・安値の両方を更新したら注意

相場の方向性がはっきりしない

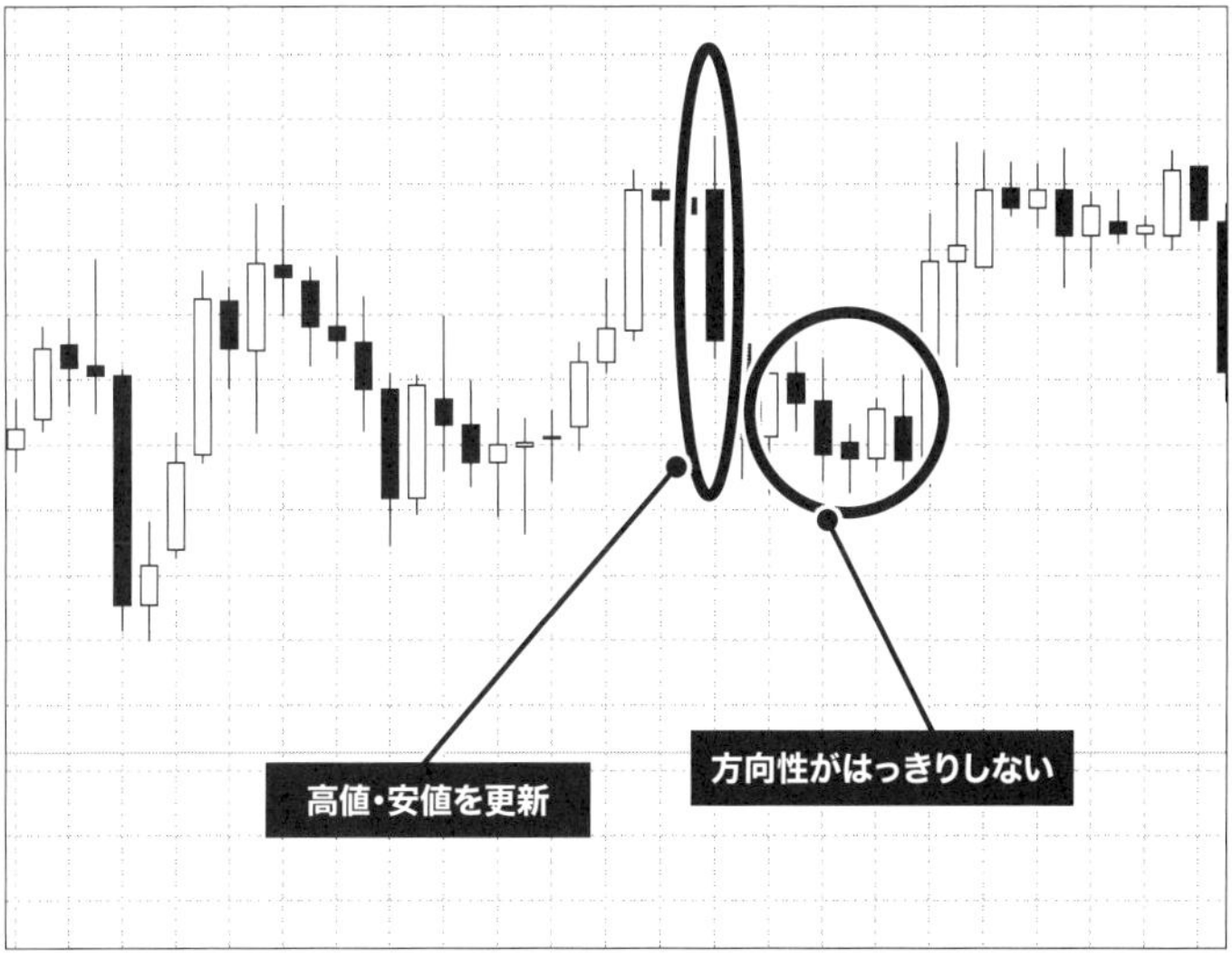

高値・安値を更新した場合、その後の相場の方向性に迷いがでます。

この場合、その後のローソク足の動きをしっかり追うことが重要です。

この後、高値のみ更新した場合は上昇トレンドが継続しているので、買いエントリーが狙える相場です。

逆に安値のみ更新した場合は下降トレンドへの転換が考えられます。

「上昇トレンド中の安値のみ更新や下降トレンド中の高値のみ更新はトレンド転換の可能性がありますが、

確定ではないので、もう一度高値や安値を更新するのを待ったほうが良いでしょう」というのが岡崎さんの意見です。

また、もみ合い相場での動きにも注目します。左ページのチャートは77ページのチャートと同じものです。もみ合い相場の中でも、高値が切り下がり、安値も若干切り上がっています。買い手と売り手の力関係では売り手が若干有利にも見えます。ただし、上昇トレンド中の押し目の可能性はまだ十分にあります。

結果的には、その後出現した陽線が高値を更新しているので上昇トレンド継続と判断します。

トレンドの方向がはっきりするまで待つ

上昇トレンド中の安値の更新や、下降トレンド中の高値の更新、高値・安値共に更新した場合は、相場の方向性がはっきりしません。この場合はトレンドがはっきりするまで待ちましょう。（岡崎さん）

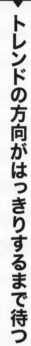

もみ合い相場の動きをみる

高値と安値動きを見る

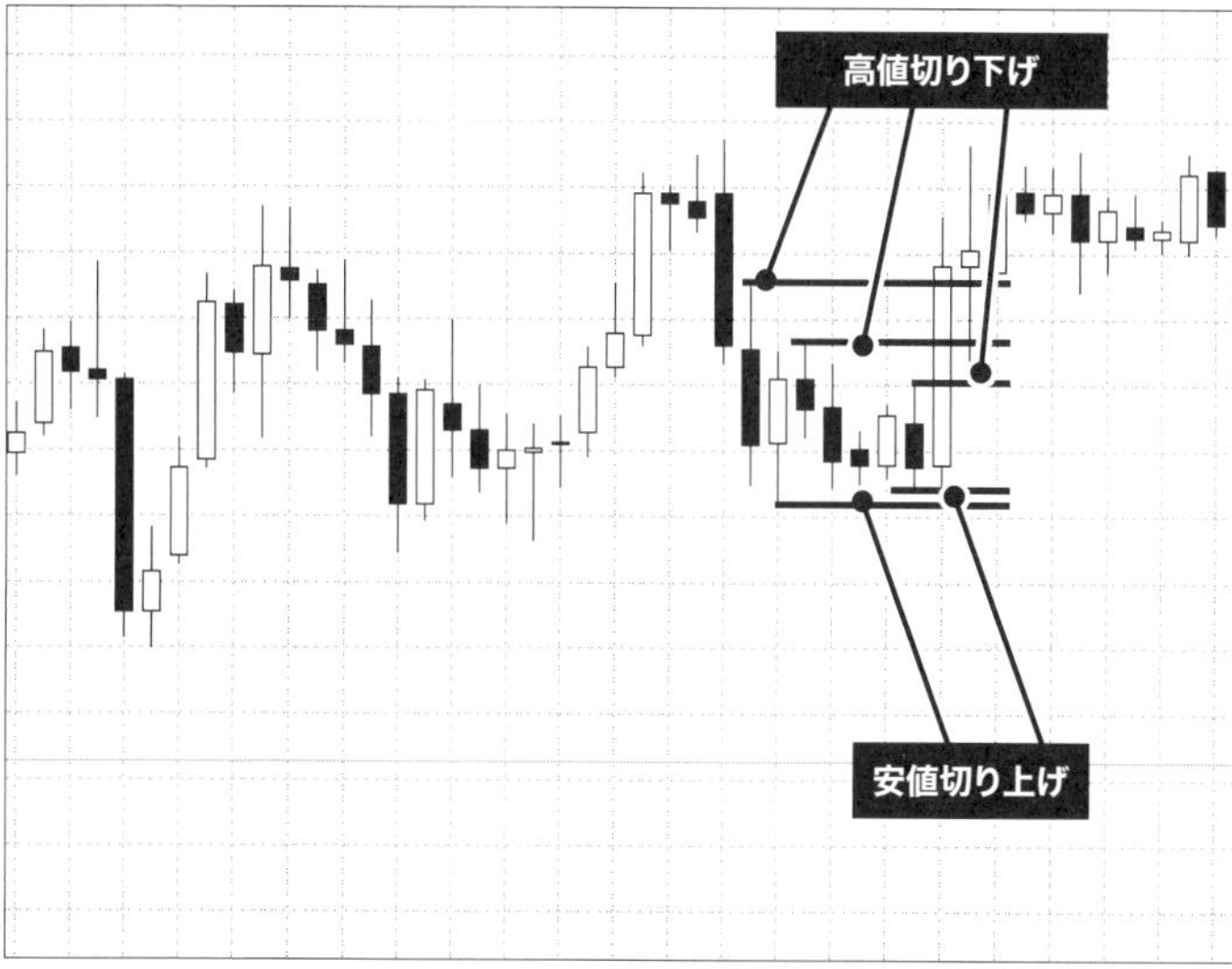

もみ合い相場中は売り手の力の方が強いと判断できます。

08

高値超え、安値超えは利食いや損切りの目安になる

利食いや損切りも高値・安値が目安になる

利食いや損切りのタイミングはエントリー以上に難しく、本書で紹介する投資家の間でもさまざまな手法があります（3章参照）。

そんな利食い・損切りのひとつの目安としてオススメなのが高値・安値です。たとえば買いポジション保有中に節目となる高値付近までローソク足が推移したら、節目となる高値で一部ポジションを利食いします。

1章の34ページで紹介したように節目となる高値では価格が止まりやすい傾向があります。上昇トレンド中でも節目となる高値で売りが入り、高値が更新で

きずに下降トレンドに転換する可能性があります。そのため、ポジションの一部をイグジットすることで利益確定を行います。残りのポジションは節目となる高値を超えれば更なる利益を狙うことができます。

損切りについては逆に安値が基準になります。買いエントリー後に安値を更新した場合は、下降トレンドへの転換が考えられるので損切りをします（ある程度上昇したあとに安値を更新した場合は利食いになります）。

トレンドの転換＝利食い・損切りの目安

トレードで利益を得ている人の間でも利食いや損切りのタイミングは長年悩む事柄のひとつです。あくまでひとつの目安としてですが、高値・安値の更新によってトレンドの転換の可能性がでたら利食い・損切りをするのもいいでしょう。（浅野さん）

▼高値更新・安値更新で買いか売りかで判断する

基本的に高値を更新したら買い、安値を更新したら売りという考え方で問題はないようです。また、節目となる高値・安値の場合は反転する可能性もあるので一部利食いをすると覚えておくといいでしょう。

本書で紹介する投資家たちはさらに精度を高めるために条件の追加を行っていますが（3章参照）、慣れないうちは高値・安値のみで判断してみましょう。

エントリーやイグジットではなく買いか売りかを考える

エントリーやイグジットとして考えるのではなく、買いか売りかで考えることも有効です。単純に高値更新＝買い、安値更新＝売りと考えるのもいいでしょう。トレードに慣れてたら、さらに精度を高めるために試行錯誤していきましょう。（篠原さん）

ローソク足の形で相場を分析

長い下ヒゲが発生した場合

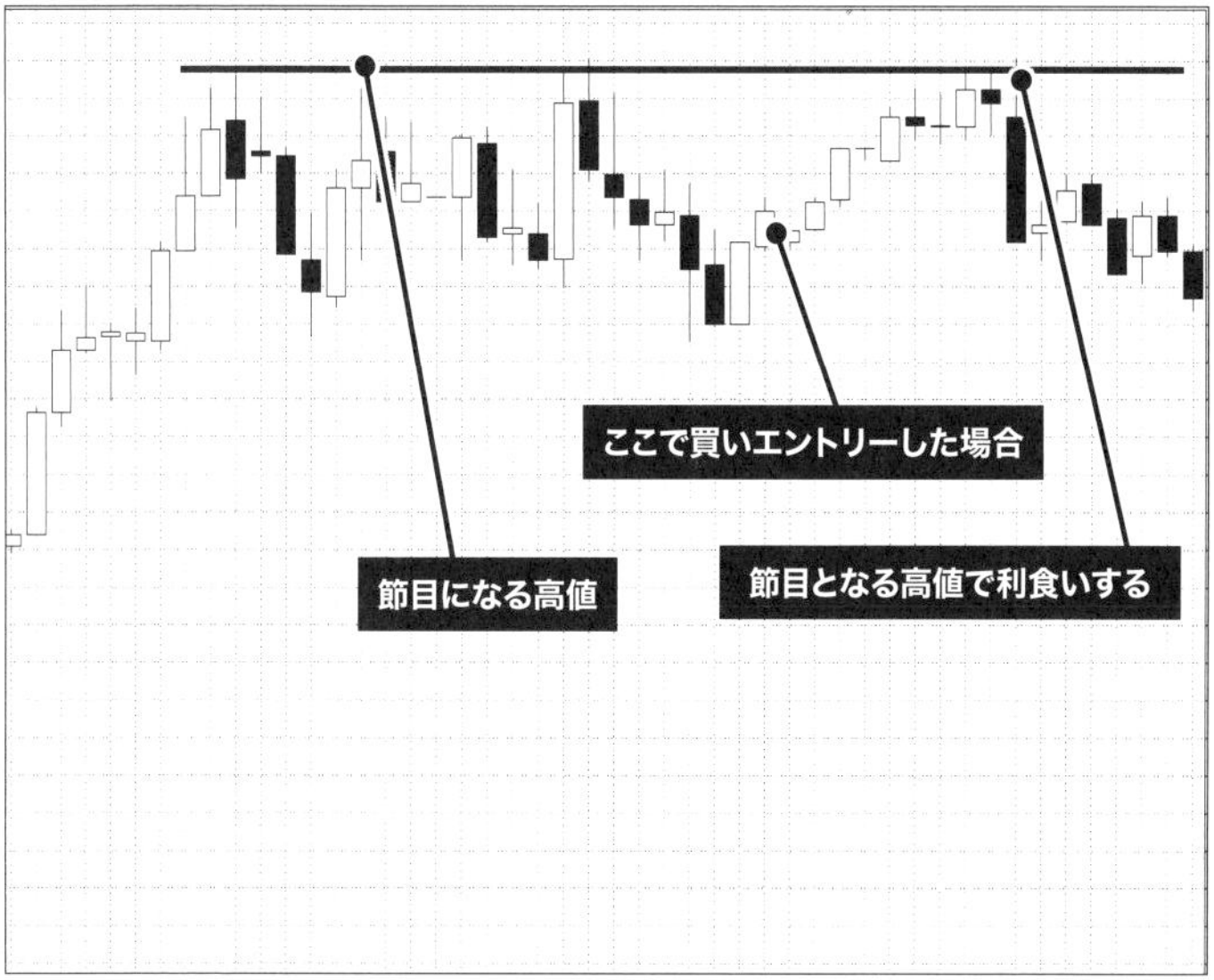
ここで買いエントリーした場合
節目になる高値
節目となる高値で利食いする

何度も価格付近で反発しているときは節目となる高値だと判断します。

節目になる高値・安値は利食い基準にもなります

09 レンジ相場中の売り手と買い手の思惑

売り手と買い手が拮抗している状態

相場分析においてレンジ相場は高値と安値の間で売り手と買い手が拮抗している状態です。

たとえば、上昇トレンドからレンジ相場になった場合、レンジの高値でローソク足が止められているということは、その価格より上に売り手がいると判断できます。上昇トレンド中の買いの勢いを止めるほどの強い売りがあるため、その価格が高値になります。

そして売り手の勢いが強いものの買い手の勢いも強いため、レンジの安値で買

レンジ相場のときの売り手と買い手の力関係

売りと買いが拮抗している状態

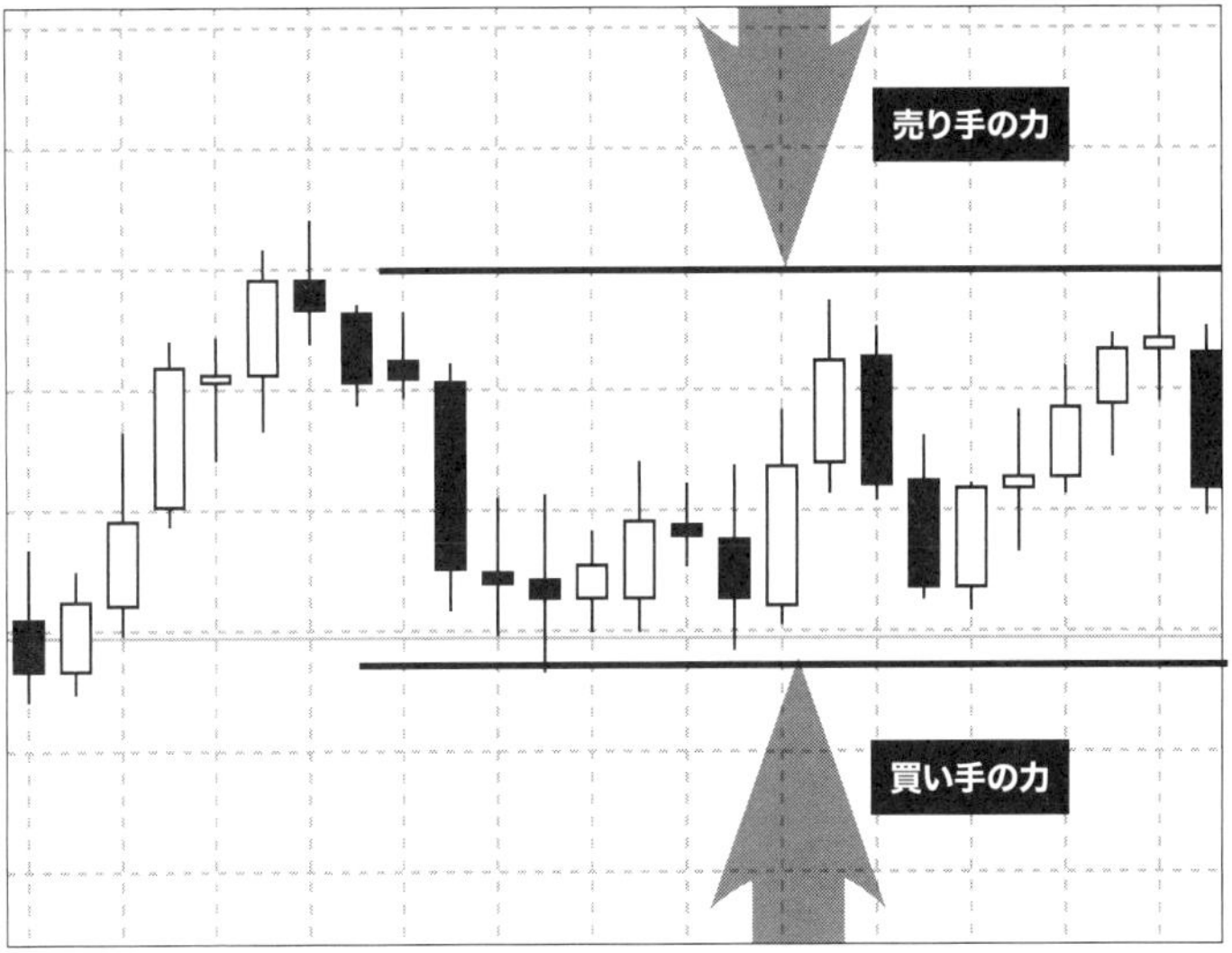

売り手の力と買い手の力が拮抗しているときはレンジ相場になります。

い手の勢いが強まり、レンジ相場を形成しています。

レンジ相場はいずれレンジの上限か下限を突き抜ける「レンジブレイク」が発生します。

レンジブレイクした場合は、ブレイクした方向に大きく価格が動きます。

なぜ、大きく動くのかというと売り手や買い手の損切り注文が大きく影響しています。

　たとえば、レンジの上限を突破した場合、売り手の思惑として高値を超えてしまうとさらに上昇する可能性が高まるので、リスクを抑えるためにレンジの上限より少し上に損切り注文をしています。売り手の損切は反対売買の買いなので、売り手の買いも巻き込んで大きく上昇するわけです。

　左ページのチャートはその逆の状況で、レンジブレイクしたことで買い手の反対売買（損切り）によって、売りが加速しています。

　また、レンジの上限を突破したということはそれだけ大きな買い手の力もあるので、レンジブレイク後に大きく相場が動く可能性が高いのです。

レンジブレイク時の売り手買い手の動き

買い手の反対売買が売りを巻き込む

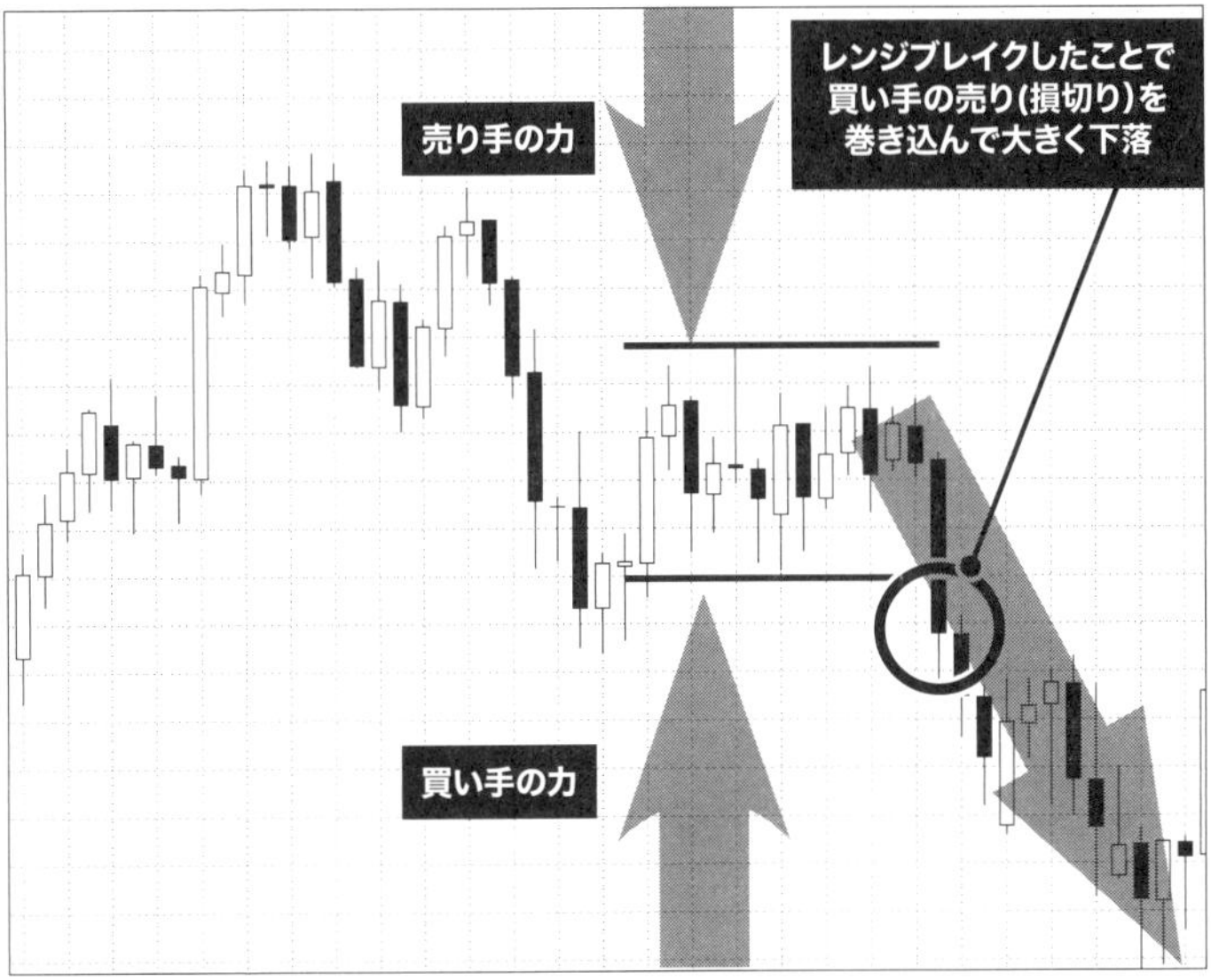
売り手の力
レンジブレイクしたことで
買い手の売り(損切り)を
巻き込んで大きく下落
買い手の力

レンジブレイク後は大きく動き可能性が高くなります。

損切りによる
反対売買を巻き込むので
大きく動きやすい

10

レンジブレイク後も高値と安値の更新をチェック

▼レンジブレイク後に反転することもある

84ページではレンジブレイク後に相場は大きく動くと解説しましたが、場合によってはレンジブレイク直後にトレンドが反転することもあります。

左ページのチャートを見てください。レンジの下限を突破したものの、すぐに上昇トレンドに転換しています。なにかしらの影響で買い手が売り手に転じたり、売り手の勢いが再び強まったのか詳しい理由はわかりませんが、事実として上昇トレンドに転じています。

もう少し、細かい値動きを見てみると、レンジ相場を突破後、直近安値を更新

レンジブレイク後の動きにも注意

レンジブレイクしてもすぐに反転することがある

レンジブレイク後、安値が更新できずに上昇トレンドに転換しています。

できていないことがわかります。レンジ相場の突破でつけた安値を更新することができていないので、これまで解説したことからも下降トレンドではないと判断できます。その後、ローソク足が上昇していき、レンジ相場でつけた高値を突破したあたりで上昇の勢いが加速しています。

このようにレンジブレイク後にも高値・安値の

更新をチェックすることが重要です。

高値が更新できずに反転

左ページのチャートのように、レンジを上にブレイク後にいったん高値を更新したあとに、次の高値を更新できずに反転するパターンもあります。

このようにレンジブレイクをしたからといって、必ず相場がブレイクした方向に動くと思いこまず、高値・安値をチェックするようにしましょう。

レンジブレイクだけでトレンドを判断しない

レンジブレイク後はリバウンドの可能性がありますので、レンジブレイクだけでトレンドを判断するのは危険です。レンジブレイク後の動きをみて高値・安値を更新しているかもチェックしていきましょう。（浅野さん）

レンジブレイク後の高値・安値をチェック

いったん高値を更新してもその後が続かないとトレンド反転

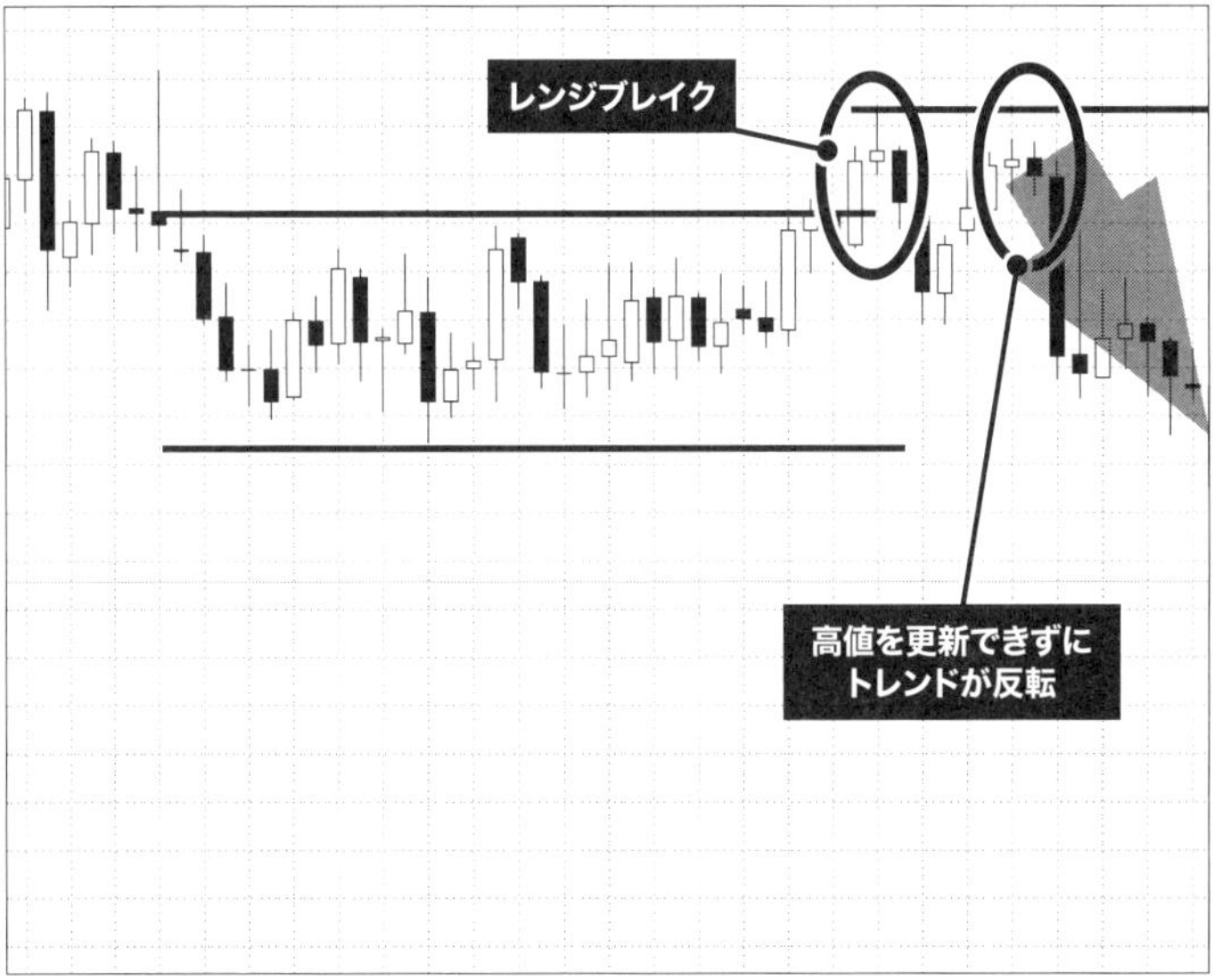
レンジブレイク
高値を更新できずに
トレンドが反転

レンジの上限を更新して、上昇トレンドの動きにも見えますが、その次の高値で更新できていないため、下落トレンドに転換しています。

高値や安値が
更新できないと
トレンドが続かない

11

レンジブレイクの連続でトレンドができる

強力なトレンドはレンジブレイクによってできる

トレンドとレンジ相場は密接な関係にあります。レンジ相場からトレンドが発生し、トレンドからレンジが発生します。

長期間にわたるトレンドもよく見ると途中でレンジ相場が発生している場合も少なくありません。言い換えれば、同一方向にレンジブレイクし続けた結果、長期間のトレンドが発生しているとも言えます。

このことを知っているかいないかでも成績に大きく関わります。

たとえば、上昇トレンド中にエントリーを考えた場合、レンジの上限をブレイクしたことを目安にすることでエントリータイミングが明確になります。もちろん、高値更新を目安にするのもありですが、トレードに慣れていない初心者の場合などはレンジを目安にした方がより明確になるので、トレードしやすくなります。

売りエントリーの場合は、下降トレンド中にレンジの下限をブレイクしたことを目安にすればエントリーしやすくなります。

レンジブレイクの連続が長期トレンドを作る

長期間のトレンドは間に短期間のレンジを挟んでいる場合がほとんどです。そのため、同一方向にレンジブレイクすることで長期トレンドが作られているとも言えます。トレンド発生中にエントリーしたい場合はレンジブレイクを目安にするのもいいでしょう。（岡崎さん）

▼レンジ間の幅を比較して勢いをみる

レンジとレンジの間の値動き幅を比較することでトレンドの勢いが弱まっているのか強まっているのかがわかります。

レンジとレンジの間が100pipsの場合と200pipsの場合を比べたとき、後者のほうがより大きな値幅なのでトレンドの勢いが強いと判断できます。

レンジとレンジの間の値幅を見る

レンジが発生するということは買いと売りが拮抗するということです。上昇トレンド中のレンジとレンジの値幅が広ければその価格の間は一方的な買いがあるということです。つまり、値幅が広ければ広いほど、トレンドの勢いが強いといえるわけです。（浅野さん）

レンジとレンジの間の値幅でトレンドをチェック

値幅を比較して広いほどトレンドが強い

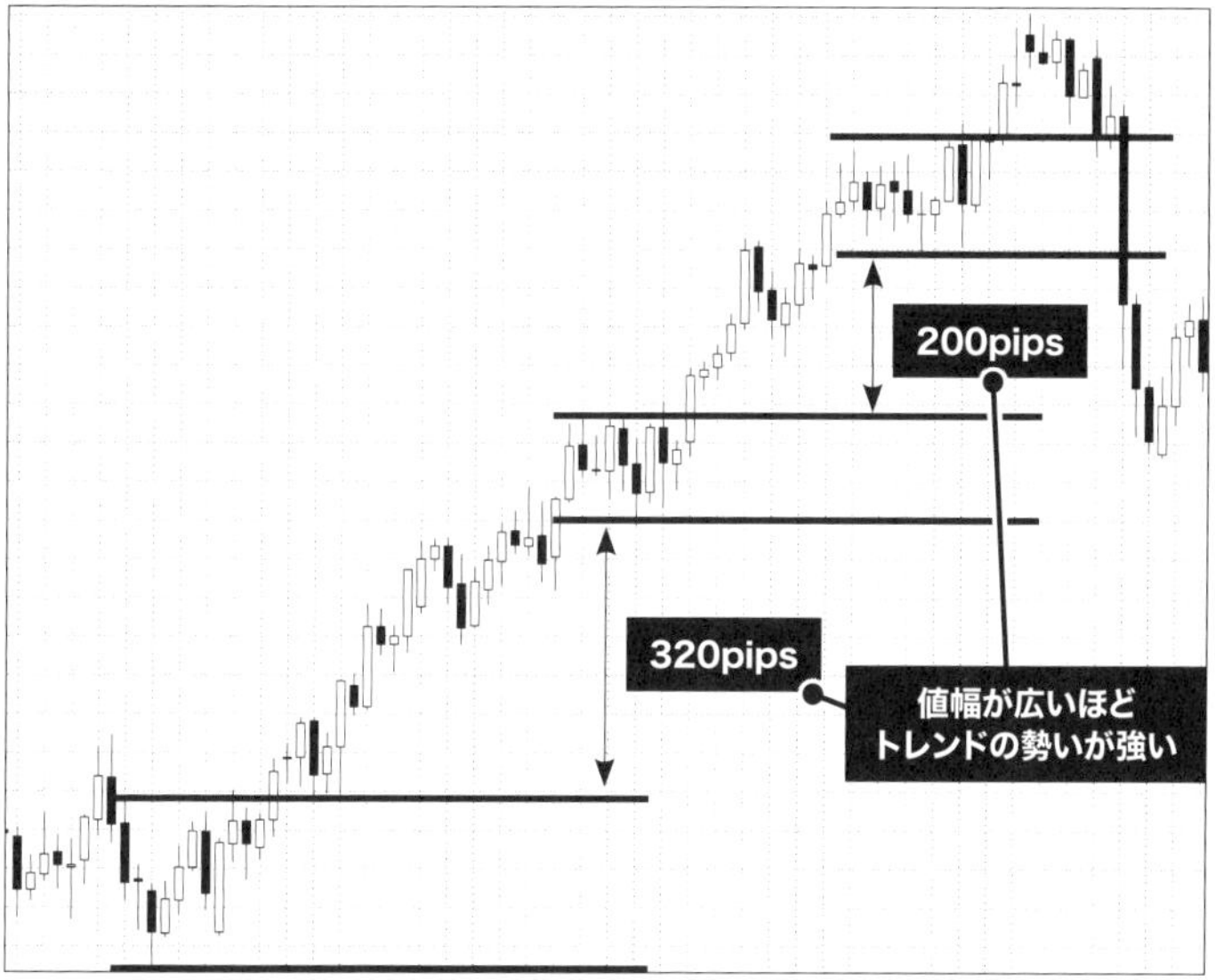
200pips
320pips
値幅が広いほど
トレンドの勢いが強い

レンジとレンジとの間の値幅が広いほどトレンドが強いと判断できます。

値幅が狭まってきたら
トレンド終了のことを
視野に入れていこう

12 値動きの予想ではなく値動きについていくことが重要

値動きは予想することはできない

ここまでの解説で気が付いた人も多いかもしれませんが、本書で紹介する投資家たちは値動きを予想することはありません。値動きした事実に基づいてトレードを行います。

そのため、相場が下落しているのに買いに入ったり、上昇しているのに売りをすることはありませんし、相場の方向性がわからない状態ではトレードしません。

相場が上昇したら買い、下落したら売りというFX投資においての基本に忠実にトレードしているだけなのです。

「そもそも値動きの予想をすることは不可能なのです。よく経済指標の発表が予想と異なればサプライズとなり上昇したり、下降すると言われていますが、実際にそれでトレードしようとしても、サプライズの情報を知った時点でそれは相場に織り込み済みとなってしまうので、サプライズに合わせてトレードすることはできません。それにどれだけ相場が動くかはわかりません」と浅野さんは言います。

なぜ値が動いたのかは誰にもわからない

値が動いた後でも、なぜそのように動いたのかを考察することはできてもそれが正しいかどうかは誰にもわかりません。答えがわからないのですから、少なくても一般投資家のレベルでは値動きを予想することはほぼ不可能といってもいいでしょう（浅野さん）

▼値動きについていくことは簡単

値動きを予想することに比べて、値動きについていくことは目の前のチャートの動きに合わせるだけなので簡単です。

「値動き自体はコツさえつかめば把握できます。高値と安値を更新したかどうかが重要です。そこから自分に合ったテクニカル指標などを使い、エントリーやイグジットの精度を高めていくようにしましょう」というのが岡崎さんの意見です。

チャートを見れば相場の動きはわかる

チャートを見れば相場がどのように動いているのかがわかるので、値動きについていくことは簡単です。高値・安値を中心にチャートをみれば、今現在の相場状況を把握できるので、それを参考にトレードしたほうが値動きを予想するよりも勝率が上がります。（岡崎さん）

強力なトレンドを狙ってトレードする

13 勝ち組が狙うトレンドとは？

勝ち組の取引ポイントは被る

ＦＸで大きく利益を得ているいわゆる「勝ち組トレーダー」たちは、使っているテクニカル指標の違いはありますが、エントリーポイントやイグジットポイントに関しては被っている場合が多いです。

本書で紹介する投資家たちも似たようなポイントでトレードしています（4章参照）。

なぜ使用しているテクニカル指標が異なるにもかかわらず似たようなトレードになるのかというと、1章の46ページで紹介したように相場は多数派の取引によって動くからです。

ＦＸで利益を得るには多数派の取引に合わせる必要があります。逆張りでは、多数派の勢いに飲まれ損失を出したり、得られる利益は少なくなります。そのため、効率的に利益を得るためには相場が向かう方向に合わせてトレードを行う以外方法がありません。そのため、結果的に値動きに合わせてトレードできる人が勝ち組になり、取引ポイントが被るのです。

勝ち組が取引するポイントはだいたい同じ

相場の方向性に合わせてトレードを行う人が勝ち組になるので、勝ち組が取引するポイントはほとんど同じようなタイミングになります。もちろん、なかには独自の解釈でトレードを行い勝っている人もいますが、だいたいの場合は真似をすることが難しいので参考にはなりにくいです。（山口さん）

勝ち組は大きなトレンドでトレードする

勝ち組トレーダーは大きなトレンドでトレードを行います。これも、大きなトレンドを狙ったのではなく、結果的にトレードした相場が大きなトレンドになります。

左ページのような強力なトレンドでも勝ち組はトレードしますが、これもトレンドが始まるタイミングでエントリーを行い、トレンドが終わるタイミングでイグジットがうまくできているわけです。

「高値や安値の更新を見ながら相場分析を行い、結果的に成功している例です。狙おうとして狙っているわけではないのです」と山口さんは言います。

勝ち組のトレード

狙うポイントが結果として強力なトレンドになる

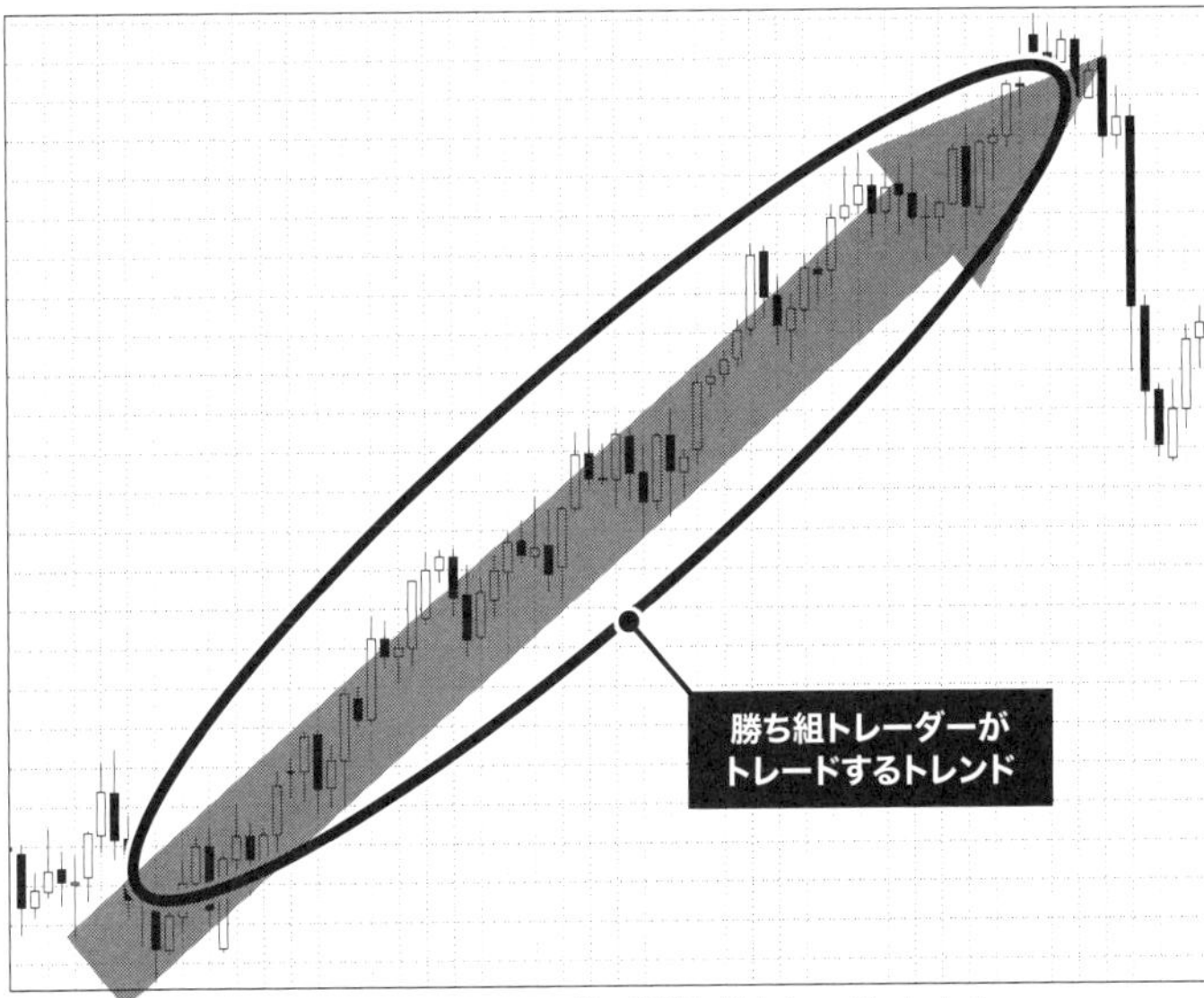
勝ち組トレーダーが
トレードするトレンド

強力なトレンドでトレードできるトレーダーが勝ち組トレーダーになる。

このようなトレンドで
トレードできれば
勝ち組になれます

ファンダメンタルズ分析は必要ないが…

14 大きなニュースには注意をする

▼勝ち組の取引ポイントは被る

96ページで解説したように値動きの予想は必要ないため、ファンダメンタルズ分析も必要ありません。

ただし、あきらかに相場に影響を与えるであろうニュースについてはチェックしておきます。たとえば、米大統領選は相場に大きな影響を与えます。2016年に行われたドナルド・トランプ氏が当選した米大統領選では相場が大きく動きました。

米大統領選はあらかじめ日程が決められているので、その期間中はトレードし

大きなニュースがあるときはトレードを避ける

2016年の米大統領選時の1時間足チャート

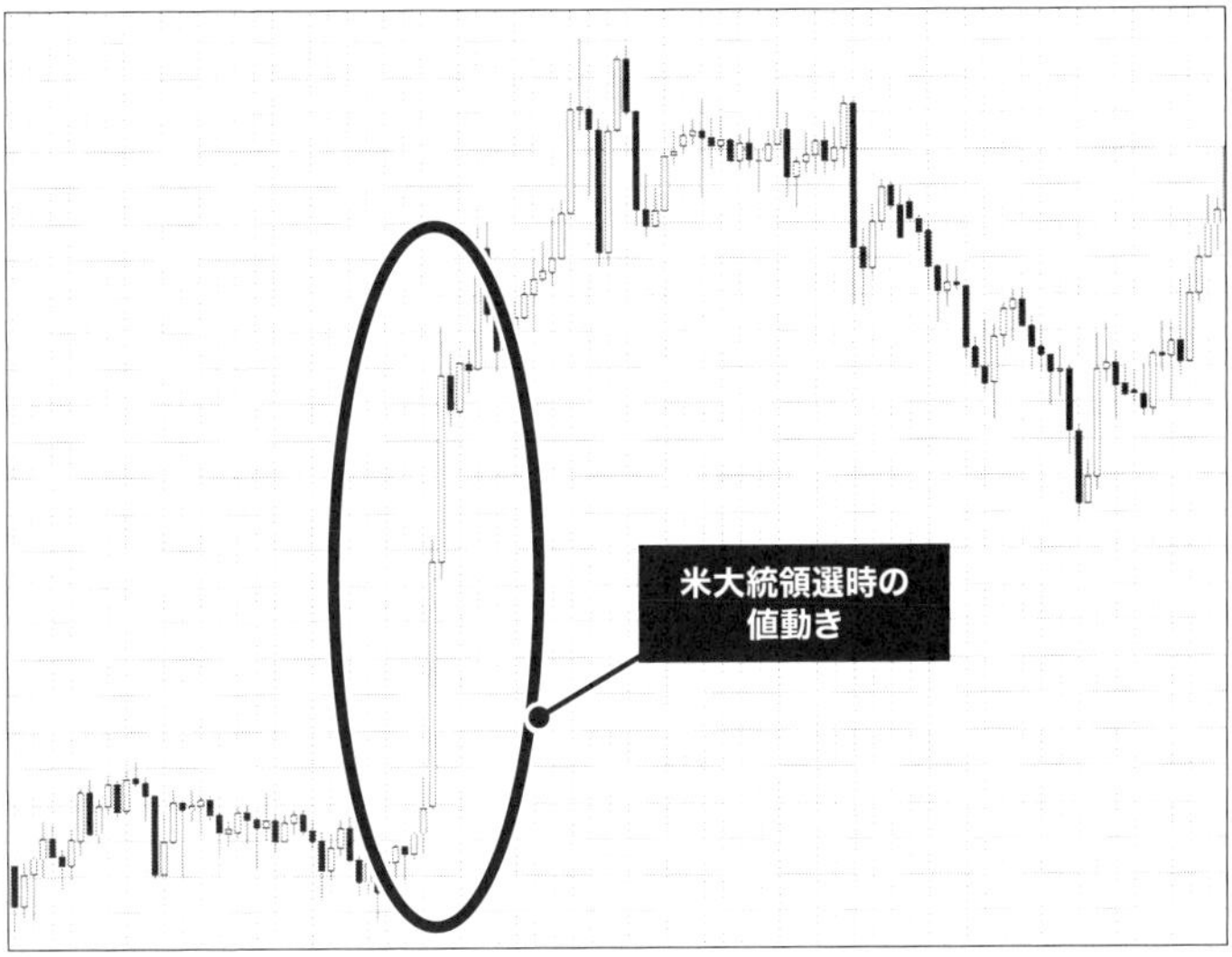

激しい値動きのなかでトレードするのは危険です。

ないなどの判断が必要です。

「基本的に上昇と下落どちらに動くのかはその日にならないとわかりません。2016年の大統領選のときも、ドナルド・トランプ氏が当選したら下落すると言われていましたが、トランプ氏が優勢になると、実際には大きく上昇しました。このことからも予想をしても意味がないことがわかるでしょう。ただし、この値動きについて行くのも難しいのでトレードしないほうが正解だと思います」と阿部さんは言います。

▼テレビやネットニュースはチェックする

相場に大きな影響を与えるニュースはテレビやネットなどで話題になっている場合がほとんどです。そのため、テレビやネットのニュースはチェックして、よく話題にされているものがあれば、相場に影響を与える可能性が高いのでチェックしていくようにしましょう。

とくに、日本だけでなく、世界中で話題になっていることは相場に影響を与えます。これは前述した米大統領選だったり、2020年時点で世界的に流行している新型コロナウィルスなどは相場に大きな影響を与えるニュースといえます。

ニュースによって動く相場には手を出さない

米大統領選や新型コロナウィルスなど、ニュースによって相場が動いているときはセオリーが通用しない相場になるので、手を出しません。値動きをすることはわかっていても、上昇と下落どちらに動くかもわからないので、ギャンブルのようなトレードになってしまいます。（阿部さん）

15

ときにはトレードをしない選択も必要

ちょっとでも迷ったらトレードしない

本書で紹介する投資家たちはトレードしないことも重要だというのが共通意見です。チャートを見ているとついついポジションを持ちたくなってしまいますが、ポジションを持ってはいけない局面もあります。

具体的には、自分で判断ができないときです。

相場の状況が上昇なのか下降なのか判断しきれないときはトレードしないことが重要です。

「少しでも自分の中で疑問が生じたらエントリーしないほうがいいでしょう。自分の中で相場分析に自信があるときだけに絞ってトレードすることが勝つための秘訣でもあります。基本的に損失を出さないことを意識してトレードするようにしましょう」と山口さんは言います。

そのほかにも104ページで紹介した、相場に大きく影響を与えるニュースがあるときなどもトレードはしません。

自信があるときだけトレードする

相場分析に自信があるときにだけトレードするようにしましょう。ある程度相場分析の方法を知っていて迷いがあるときは、相場の方向性がはっきりしていない場合がほとんどです。そのような状況でトレードしても損失を出してしまうだけなので、トレードする必要はありません。

（山口さん）

負けが続いたときもいったんトレードをやめる

相場分析をしっかりしたにも関わらず、負けが続いた場合は相場に異変が起きている可能性もあります。たとえば、ファンダメンタルズの影響で大きな買いや売りが発生したり、国の為替介入、機関投資家や巨大ファンドなどの大口投資家などの影響で相場分析の結果に反する動きをしたという可能性もあります。

また、何が原因で値動きしたのかはわかりませんが、相場分析を行ってうまくトレードできない場合は、いったん相場から離れることも重要です。そこで熱くなってトレードを続けてしまうと大きな損失が出てしまう可能性があります。

クールダウンのためにいったん相場から離れ、相場分析どおりに相場が動くようになるまで待ったほうがいいでしょう。

うまくいかないときもトレードをしない

トレードがうまくいかないときもトレードを控えましょう。相場を大きく動かすニュースや国の介入、大口投資家の介入で相場分析が意味をなさないことも少なくありませんし、それらに対抗する手段はありません。いったん落ち着くまでトレードから離れたほうが良いでしょう。

（阿部さん）

第3章

稼ぐ投資家の相場分析とトレード

実際に相場分析を重視して稼いでいる人はどのような相場分析とトレードを使っているのか気になるだろう。相場分析を重視して累計5000万円以上稼いだ現役投資家5人のトレード手法を解説しよう。

高値と安値を常に意識してトレードする

01

山口猛さんの相場分析

私の相場分析のポイント

相場分析をするときは高値と安値を常に意識します。過去の意識されそうな高値・安値や長期チャートの高値・安値、直近のローソク足の動きを見て、トレードするべきか否かを判断します。

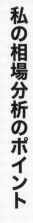

直近の高値と安値を意識する

山口さんの投資手法は1時間足や4時間足、日足のトレンドにのってトレードするトレンドフォロー型です。そのため、今現在トレンドがあるのか、トレンドはどちらの方向を向いているのか、トレンドの勢いはあるのかなどをトレード前に相場分析を行います。その相場分析において、山口さんが特に重視するのは安値・高値です。

見るべきポイントは次の３つがあります。

①日足の過去の高値・安値を更新しているか
②週足のチャートの高値・安値
③日足の直近のローソク足の動き

まず、①の見方について説明しましょう。117ページ上の米ドル/日本円の日足チャートを見てください。このチャートは大きく分けてレンジ相場と下降トレンドに分かれます。ここで注目したいのはレンジの下限である安値を更新したAポイントと過去の直近安値を更新したBポイントです。Aポイントでは下降トレンドに転換したと判断でき、Bポイントでは下降トレンドの継続もしくは勢いが増すと分析できます。

次に②について見ていきます。左ページ下の同時刻の週足チャートでは、直近安値を更新しているので下降トレンドの可能性が高いと判断できます。また、Cポイントの安値が利食い目標のひとつとしても考えられます。

最後に③について説明します。左ページ上チャートに戻ってください。今度は2本のローソク足の動きを見ていきます。Dポイントの左から2本までローソク足はローソク足の安値を更新していないので、上昇トレンドへ転換する可能性もあると考えられるため、ここはトレードするタイミングではないと判断します。3本目のローソク足は安値を更新しているので、下降トレンドする可能性が高いため、トレードするタイミングと判断できます。

山口猛さん

山口さんの相場分析

米ドル／日本円の日足チャート

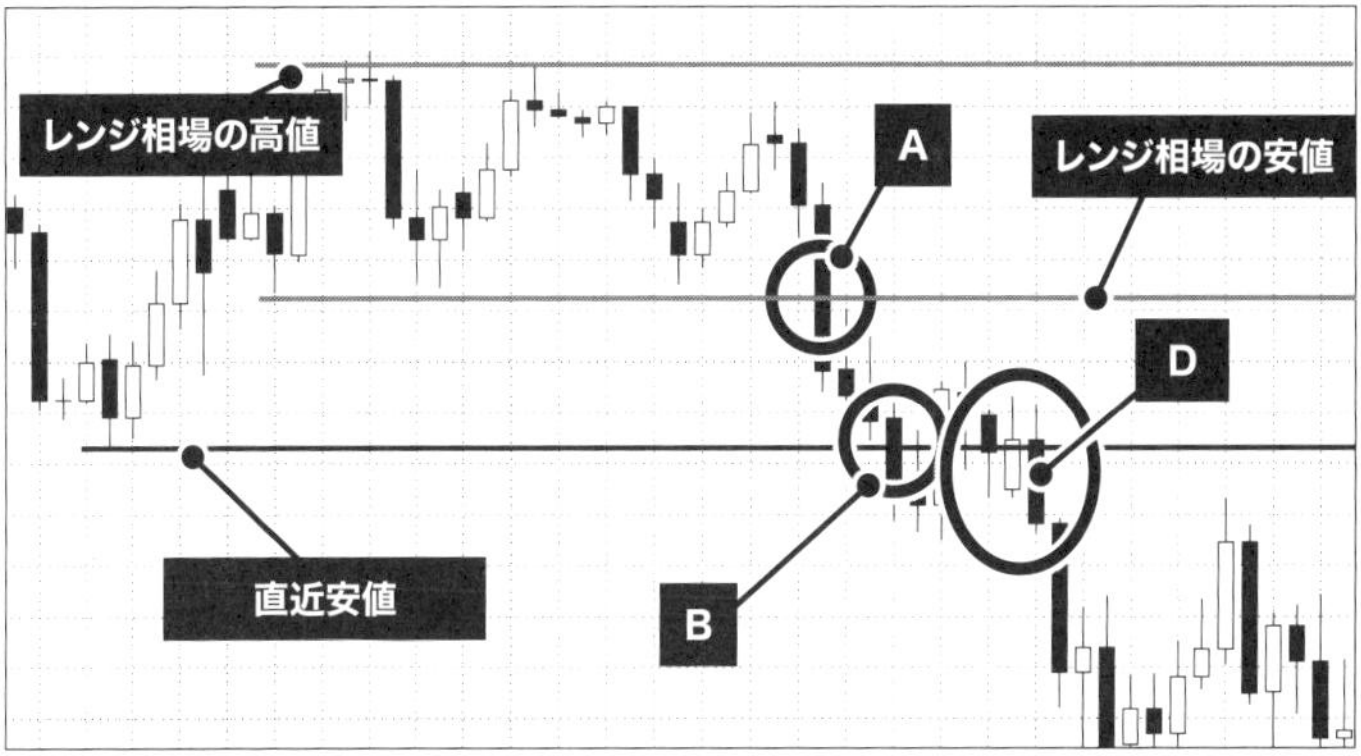

レンジ相場の安値を更新したり（A）、過去安値を更新している（B）から、下降トレンドと判断できます。ただし、③のチェックにおいて、直近のローソク足が安値を更新していないタイミング（D）は上昇トレンドへ転換する可能性もあります。

米ドル／日本円の週足チャート

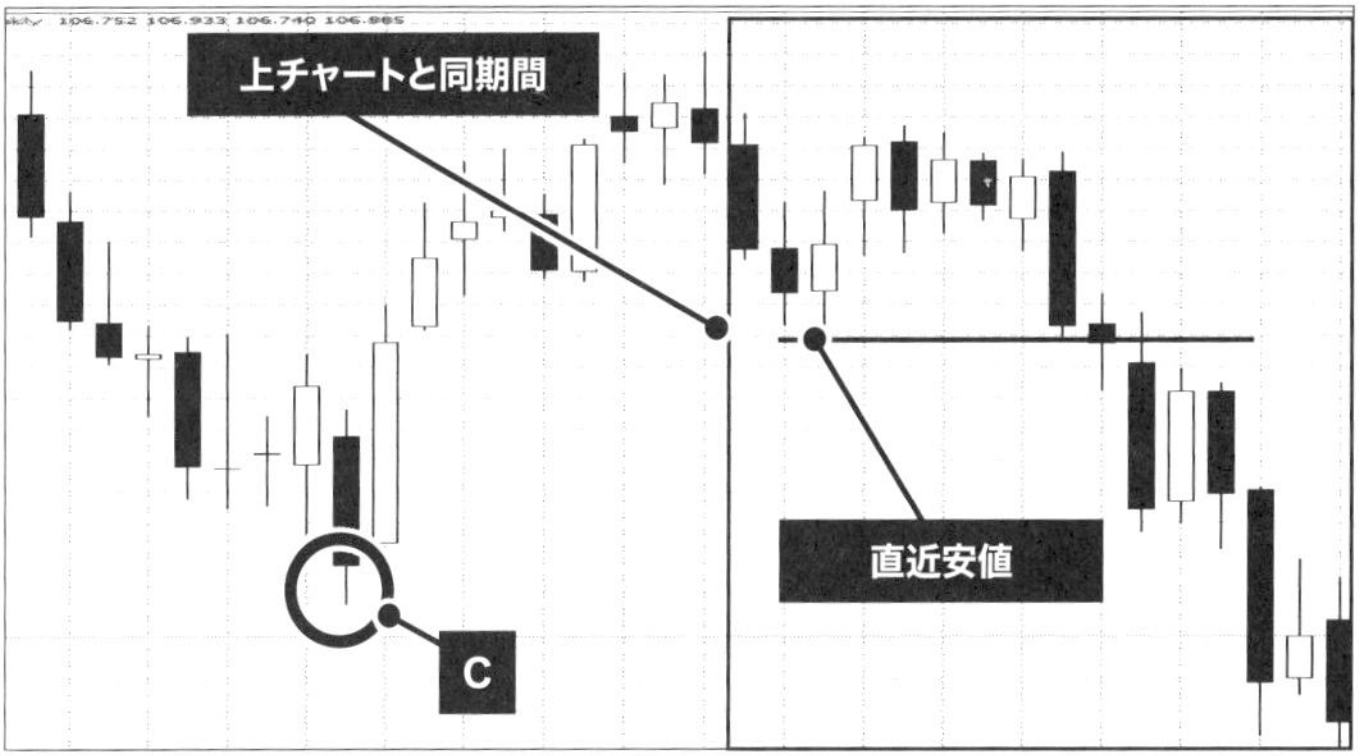

直近安値を更新しているので下降トレンドの勢いがあると判断できます。過去安値（C）は利益目標としたり、さらに下降トレンドの勢いが増すと判断する基準になります。

トレード用のチャートにはボリバンのみ表示する

02

トレードに使うのはボリバンのみ

私のチャートのポイント

チャートに表示するテクニカル指標はボリンジャーバンドのみです。相場分析用のチャートとトレード用のチャートは分けて使ったほうが混乱なくトレードできます。

山口猛さん

ボリバンのみでトレード

相場分析を行い、トレンドの方向性や勢いを確認したらトレードするためのチャートに切り替えます。

山口さんのトレードするためのチャート設定は以下のようになります。

・ボリンジャーバンド
参照期間「21」
σライン「±1σ」「±2σ」「±3σ」
・ローソク足
「1時間足」「4時間足」「日足」
・通貨ペア
「米ドル/日本円」

ローソク足は114ページで相場分析した際に、はっきりとトレンドが確認できた時間足でトレードを行います。ポジションの保有期間は日足の場合は数週間程度、4時間足は1週間程度、1時間足は1日〜2日程度がだいたいの目安になります。

「相場分析用のチャートとトレード用のチャートを同じにしているトレーダーもいますが、テクニカル指標を表示しているとバイアスがかかって相場分析に影響を与えてしまうので、よほどの自信がない限りは、相場分析用のチャートとトレード用のチャートを分けるようにしましょう」

山口猛さん

山口さんのチャート画面

ボリバンを表示する

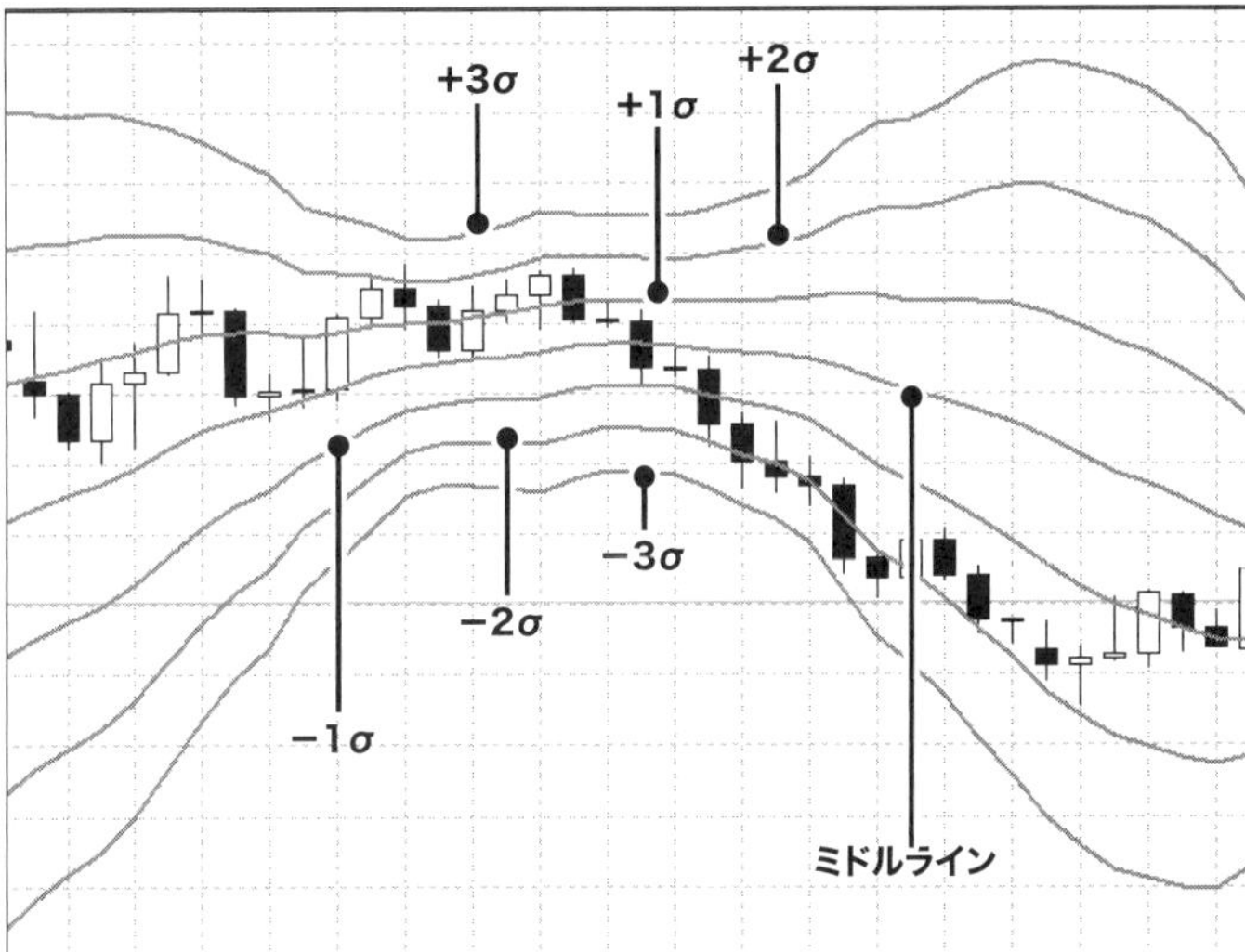

通貨ペアは米ドル／日本円。時間足は 1 時間足、4 時間足、日足を利用します。

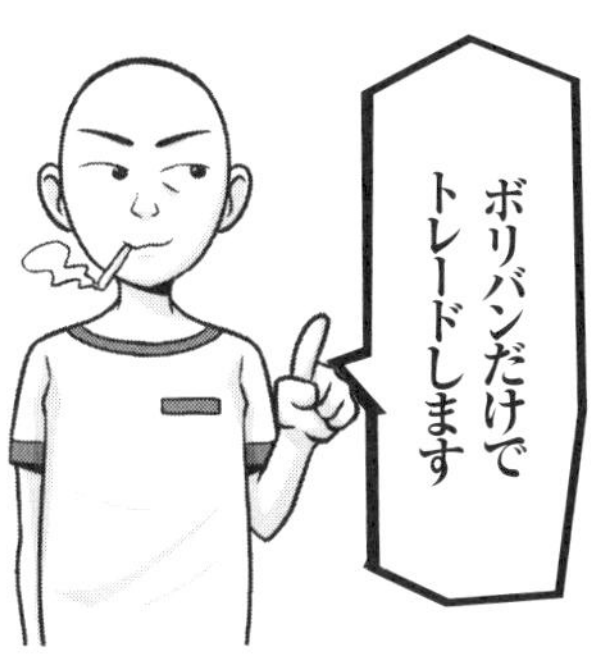

03

エクスパンションが発生していたらエントリー

私のエントリーのポイント

相場分析で確認した方向にエントリーします。エントリータイミングはボリンジャーバンドでエクスパンションが発生したタイミングを狙います。

エクスパンションが発生したらエントリー

１１４ページの相場分析をもとに、トレンドと同じ方向のエントリーを狙います。

具体的なエントリーのタイミングはボリンジャーバンドでエクスパンションが発生しているときです。

エクスパンションとは１２５ページチャートのようにσラインが上下に開いている状態です。これは強いトレンドが出るときに発生する形状です。

相場分析で下降トレンドと判断しているときにエクスパンションが発生していれば売りエントリー、上昇トレンドと判断しているときにエクスパンションが発生していれば買いエントリーです。

直前のローソク足の安値（高値）を更新していればエントリー

ベストなエントリータイミングは過去の安値（高値）を更新中にエクスパンションが発生したときです。

ただし、そのタイミングを見逃してしまった場合は、エクスパンションが発生が継続し、相場分析で下降（上昇）トレンドが継続中であれば、エントリーします。

特に1時間足の場合はベストなタイミングを見逃しやすいので、多少エントリータイミングがずれても問題ないと考えたほうが良いでしょう。

エクスパンションでエントリー

売りエントリーの場合

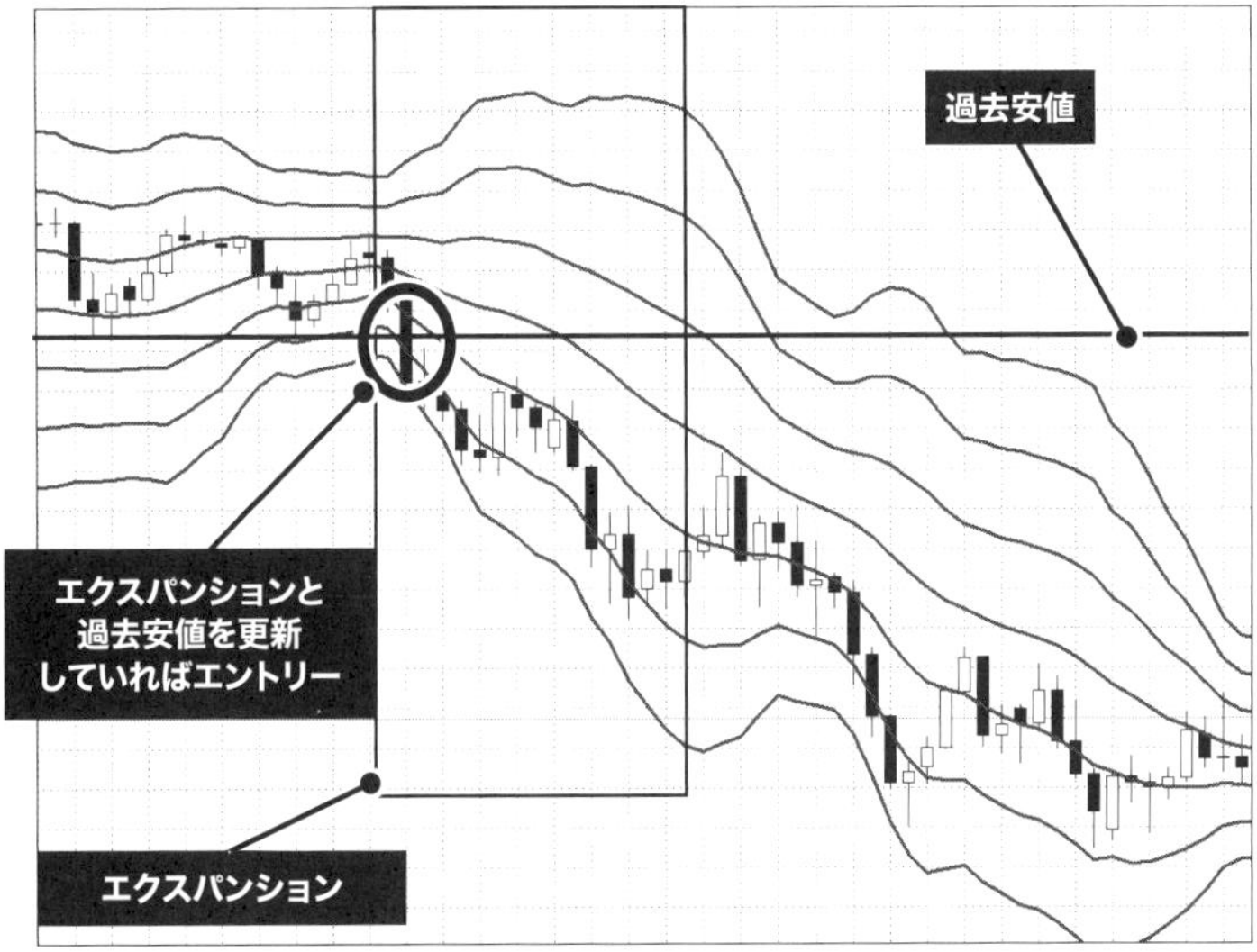
過去安値
エクスパンションと
過去安値を更新
していればエントリー
エクスパンション

エクスパンションが発生しており、過去安値を更新しているタイミングで売りエントリーします。

エントリータイミングは多少ずれてもOK

下降トレンド中の高値更新、上昇トレンド中の安値更新はイグジット

04

高値や安値を見てイグジットを判断する

私のイグジットのポイント

相場分析とボリンジャーバンドのそれぞれでイグジットの判断方法があります。相場分析では、過去の意識されている高値・安値、直近の高値・安値を更新したときにイグジットするかどうかを判断します。

山口猛さん

過去の安値を更新したらイグジット

半分だけイグジットする

過去の安値を超えたタイミングで、保有ポジションの半分をイグジットします。

相場分析でイグジットを判断

イグジットの判断は相場分析によるものとボリンジャーバンドによるものの2つあります。

まずは、相場分析による判断から解説していきましょう。相場分析による分析のポイントは3つあります。

ひとつめは、過去の高値や安値の更新です。上チャートのように売りポジション保有中に過去のローソク足の流れから意識されている安値がある場合、保有ポジションの半分をイグジットします。このような安値は多くのトレーダーが売買するタイミングになるので、相場が動くきっかけになりやすいためです。逆に、買いポジションを保有している場合はは意識されている高値がイグジットする基準になります。

２つめは、売り（買い）ポジション保有中に一時的な下落（上昇）で直近安値（高値）を更新できなかった場合です。トレンド発生中は上下を繰り返しながら、安値や高値を更新しますが、更新できなかった場合はトレンドが終了した可能性があると判断します。

３つめは、下降（上昇）トレンド中に直近高値（直近安値）を更新したときです。この状況はあきらかにトレンドが終わったことを意味するので、全ポジションをイグジットします。

山口猛さん

高値や安値に注目する

安値を更新できなかったときは注意

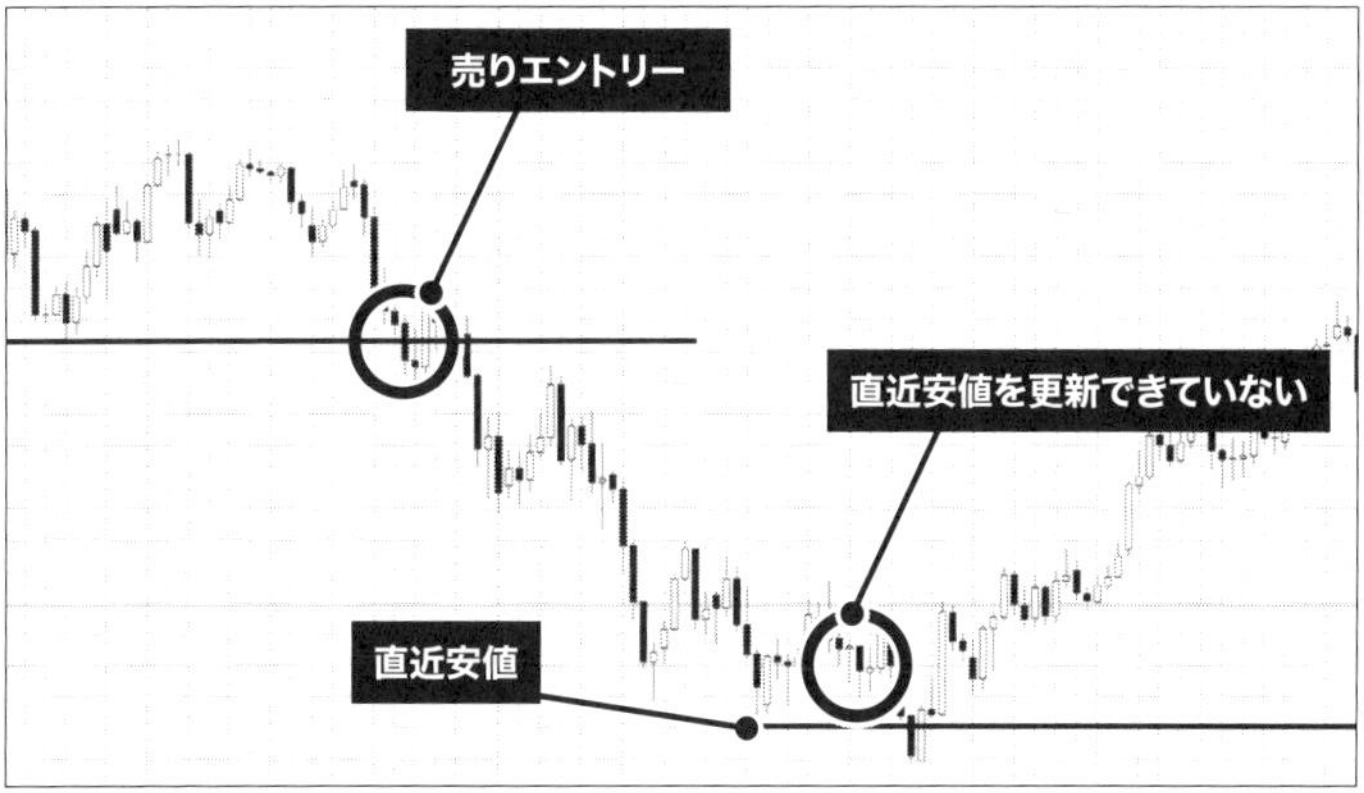

売りエントリー後、安値を更新できていなかった場合はトレンド終了の可能性があるため、その後の動きに注目します

高値を更新したらイグジット

下降トレンド中に高値を更新したので、イグジットします。

05 スクイーズが発生したらイグジット

私のイグジットのポイント

ボリンジャーバンドでスクイーズが発生したらイグジットの材料になります。機械的にイグジットするのではなく、高値・安値の状況と合わせて考えていきます。

山口猛さん

σラインが収縮したらイグジット

ボリンジャーバンドによるイグジットはスクイーズが発生したタイミングで行います。スクイーズとはエクスパンションの逆で、σラインが閉じて押しつぶされた状態、または閉じつつある状態を指します。この形状はローソク足の動きがもみ合い相場になっていたり、トレンドが弱くなりつつある状態です。

ただし、スクイーズが発生しても、ダマシの可能性もあるため、必ずイグジットするわけではありません。

ダマシを見破るポイント

ダマシを見破るポイントはローソク足の動きです。133ページチャートのAポイントでは、σラインが閉じ始めているように見えます。これは一時的なローソク足の上昇が影響しています。相場分析の面から考えると、ローソク足は上昇しているものの、直近高値を更新していないので、下降トレンドが継続中と判断できます。この時点ではその後チャートがどのように動くはわかりませんが、イグジットの可能性もあると頭に残しながら、ポジション保有を続けます。

その後のチャートの動きを見ると大きく下落した後にＢポイントで、スクイーズが発生しています。ここでも、高値は更新していないのでダマシの可能性があります。ただし、安値も更新されていないので下降トレンドの勢いが落ちているとも判断できます。また、十分な含み益（約６００ｐｉｐｓ）も確保できているので、ポジションを１～２割程度残してイグジットします。

「スクイーズによるイグジット判断は機械的に行うのではなく、相場分析と合わせて判断材料のひとつとします。ある程度含み益が確保できていればイグジットしてしまってもいいですが、慣れないうちは最終判断は相場分析で考えたほうがトレードしやすいかもしれません」

スクイーズでイグジット判断

高値を更新していないときは様子見

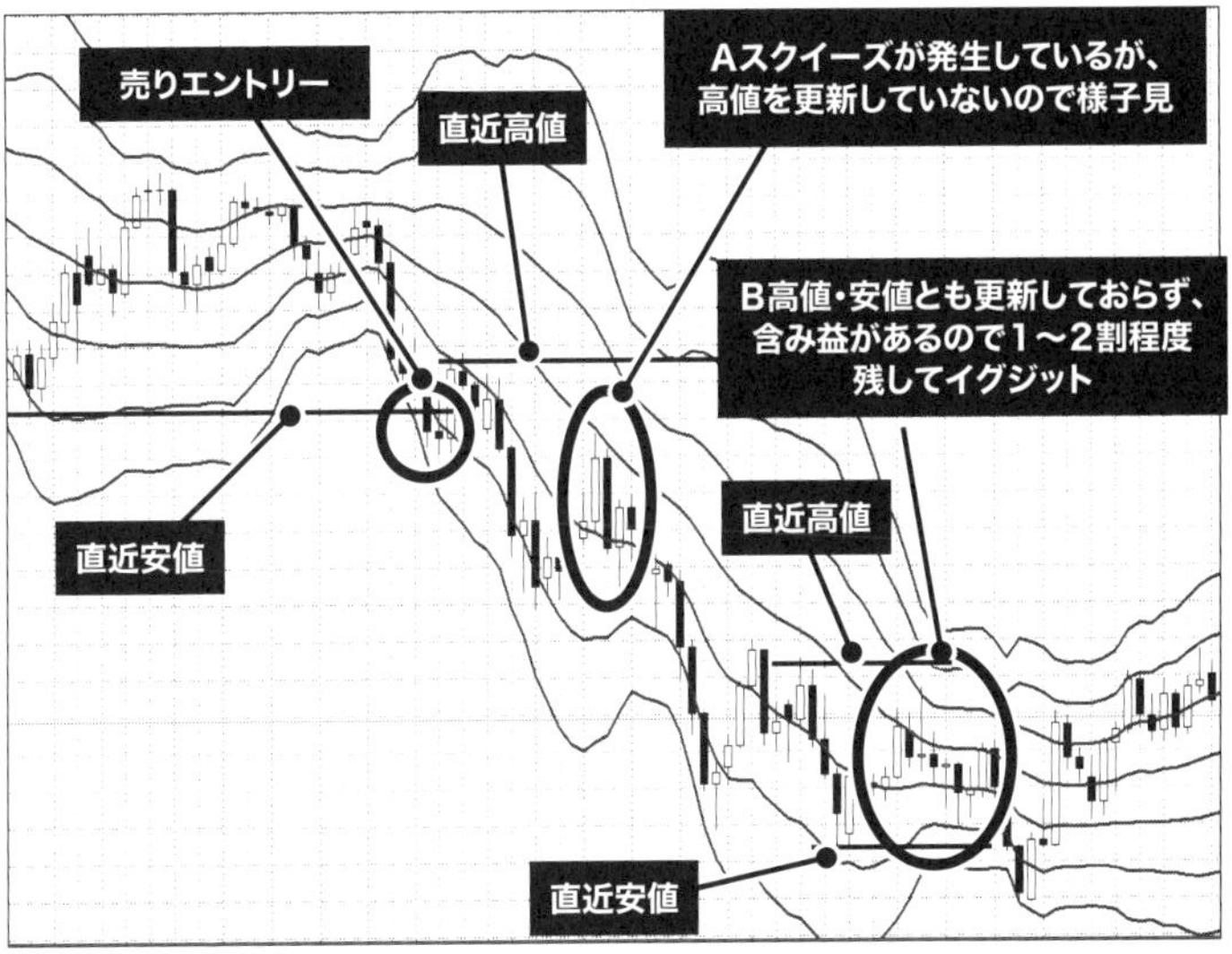

高値を更新していないので、スクイーズが発生しても様子見。ある程度含み益が確保できており、安値が更新されていない状況であれば大部分をイグジットします。

01

阿部圭太さんの相場分析

私の相場分析のポイント

日足、週足、月足の3つの時間足チャートから相場分析を行います。月足と週足では直近のローソク足の動き、日足はトレンドの流れを確認し、相場の状況を把握します。

阿部圭太さん

複数の時間足で相場分析

阿部さんは日足、週足、月足の3つの時間足チャートから相場分析を行います。そしてそこで重要なのは直近の動きを見ることです。

「私の場合、ポジションの保有期間は数日〜数週間です。そのため、日足はある程度長い期間で相場分析をする必要がありますが、月足では直近ローソク足1本〜2本、週足は2〜3本程度を重視します。もちろん、全体の流れも確認しますが、直近の動きを重視することでトレードに役立つ相場分析になります」

それでは、実際に相場からどのように考えるのかを見ていきましょう。137ページのチャートは米ドル/日本円の月足、週足、日足チャートです。

月足は全体的に三角持ち合いになっており、安値があまり更新されない一方で、高値は切り下がっています。そのため、だいたい数か月〜半年くらいの間にブレイクする可能性があり、そのときは、下降トレンドになる可能性が高いと判断できます。実際にいつブレイクするかはわかりませんが、こうなる可能性があるということは頭に入れておきます。

直近のローソク足数本分をみると、もみ合っており、直近のローソク足は陰線となっているため売りが優勢です。

週足をみると、高値が切り下がり、安値が切り上がっています。さらに直近のローソク足は大きく上下に動いているので、今は上昇か下降は判断がつかない状態です。

日足をみると直近の動きは大きく下落していますが、節目となる安値は突破していない状況です。安値を更新すれば下降トレンドの勢いが増しそうと考えられます。

これらを総合的に考えると、月足と日足は下降トレンドの可能性が高く、週足は判断がつかない状況なので、売りエントリーを狙いたい相場です。ただし、日足ベースで節目になる安値が意識されているように考えられるので、トレードするにしてもこの安値を突破してからのほうが安全だと考えられます。

阿部圭太さん

阿部さんの相場分析

月足チャート

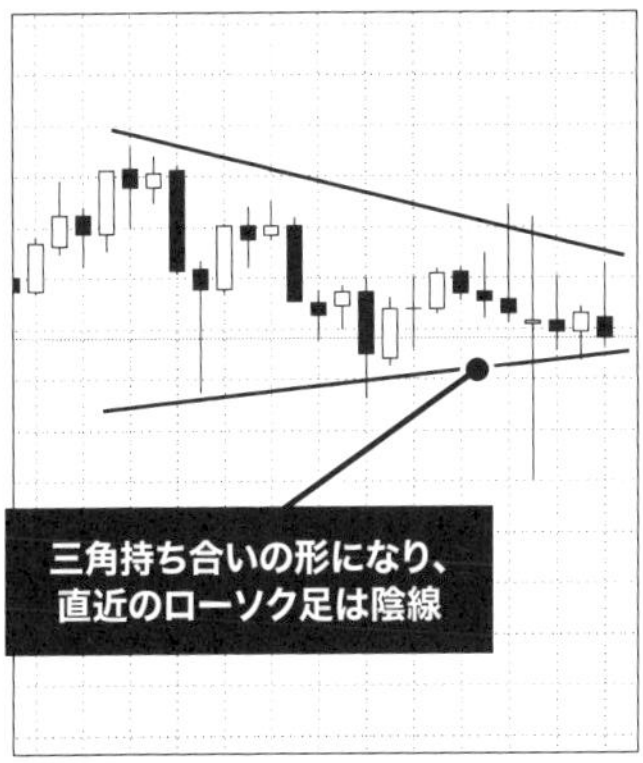
三角持ち合いの形になり、
直近のローソク足は陰線

三角持ち合いなのでいずれ大きく動く可能性はありますが、現時点では直近が陰線なので売り優勢と考えます。

週足チャート

高値が
切り下がっている
安値が
切り上がっている

高値が切り下がり、安値が切り上がっています。これはローソク足がもみ合っているので判断がつかない状況です。

日足チャート

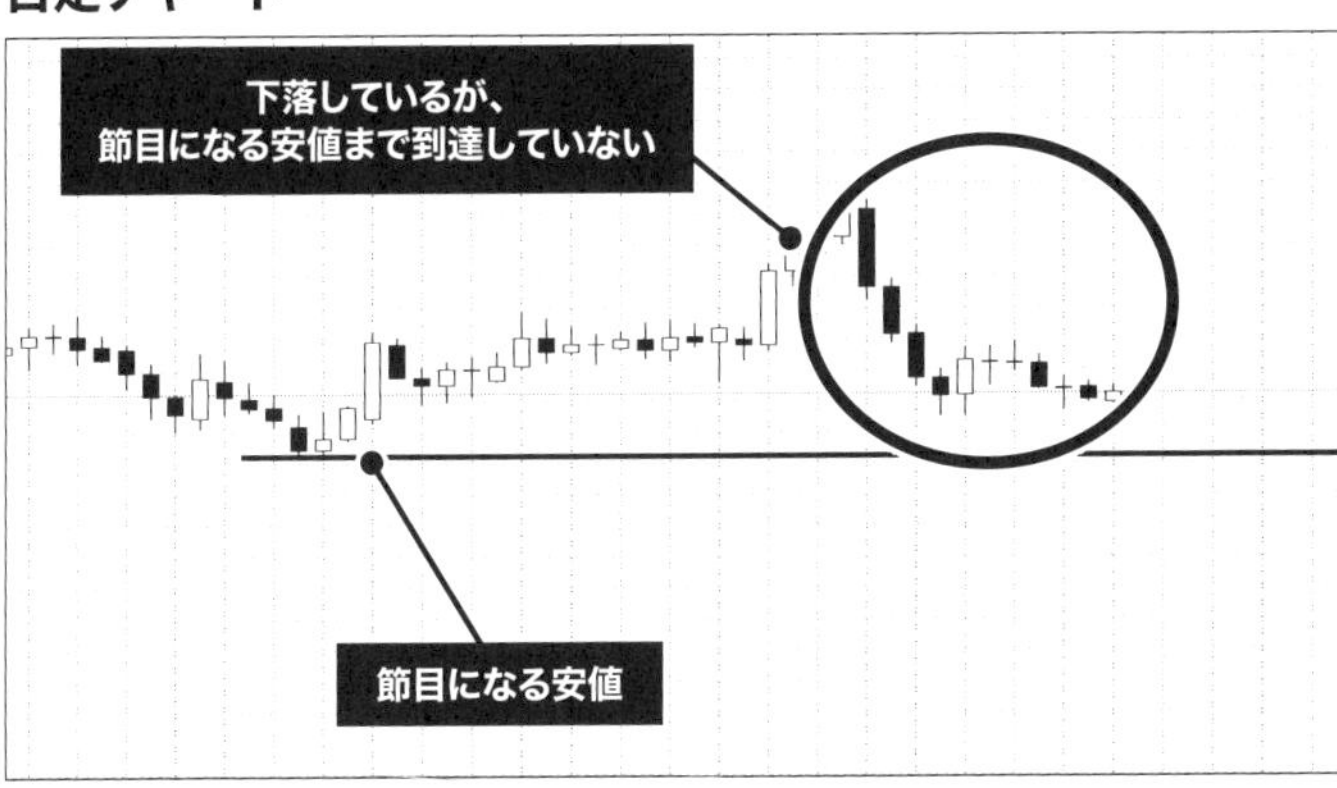
下落しているが、
節目になる安値まで到達していない
節目になる安値

下落が意識されていますが、節目になる安値にまでは到達していない状況です。この場合は節目になる安値に到達するまで待ちます。

トレード用チャートは雲を表示すればＯＫ

02

トレードには一目均衡表の雲を使う

私のチャートのポイント

トレードに使うテクニカル指標は一目均衡表の雲のみです。トレードは４時間足と１時間足チャートを使います。相場分析をしたチャートとは時間足が異なる点に注意してください。

阿部圭太さん

一目均衡表の雲で売買タイミングを計る

相場分析を行ったら、トレードの準備をします。阿部さんの手法は一目均衡表の雲とローソク足の位置関係で売買タイミングを計ります。

阿部さんのトレードでのチャート設定は以下のようになります。

・一目均衡表
　転換線「9」
　基準線「26」
　先行スパンＢ「56」
・ローソク足
　「1時間足」「4時間足」
・通貨ペア
　「米ドル／日本円」

一目均衡表は左ページチャートのように雲だけ表示させています。なお、134ページで解説した相場分析とは異なる時間足でトレードするので注意しましょう。

阿部さんはトレードするとき、相場分析で使用するチャートとは別にトレード用として、1時間足と4時間足を表示しています。

「日足や週足、月足は常に表示させてエントリーを考える際の材料にしています。ただし、ディスプレイが小さい場合は複数のチャートを表示させると見にくくなってしまうので、ディスプレイの大きさに応じて表示させるチャートの数を調整するといいでしょう」

阿部圭太さん

阿部さんのチャート画面

一目均衡表の雲を表示する

通貨ペアは米ドル／日本円。時間足は1時間足、4時間足を利用します。

03

ローソク足が雲を突き抜けたらエントリー

私のエントリーのポイント

相場分析で上昇トレンドと判断したら買いエントリー、下降トレンドと判断したら売りエントリーを狙います。エントリータイミングはローソク足が雲を突き抜けたタイミングです。

ローソク足の雲ブレイクでエントリー

エントリーは、134ページで紹介した相場分析をもとに行います。下降の勢いが強いと判断したら売りエントリー、上昇の勢いが強ければ買いエントリーをします。

具体的なエントリーのタイミングはローソク足が雲を突き抜けたときです。ローソク足が雲を突き抜けたときは強力なトレンドが発生している可能性が高いため、そのトレンドに乗る形でエントリーします。

とくに145ページ上チャートのようにエントリーの直前で雲がねじれている場合は、強力なトレンドが発生しやすいのでベストなエントリータイミングになります。

雲の厚さに注目

一般的に雲が厚いほど強力な支持帯や抵抗帯になるといわれています。阿部さんもその意見に異論はありませんが、厚い雲をローソク足が突き抜けたときは強力なトレンドになるという意見には否定的です。

「過去チャートを見るとわかりますが、厚い雲を突き抜けたあとは、ローソク足が停滞することが珍しくありません」

それよりも薄い雲を突き抜けた後のほうが、しっかりと上昇・下落しやすく、強力なトレンドが発生しやすいといいます。そのため、阿部さんはローソク足が厚い雲を突き抜けた場合は、エントリー枚数を少なくするなど調整を行っているそうです。

阿部圭太さん

雲ブレイクでエントリー

売りエントリーの場合

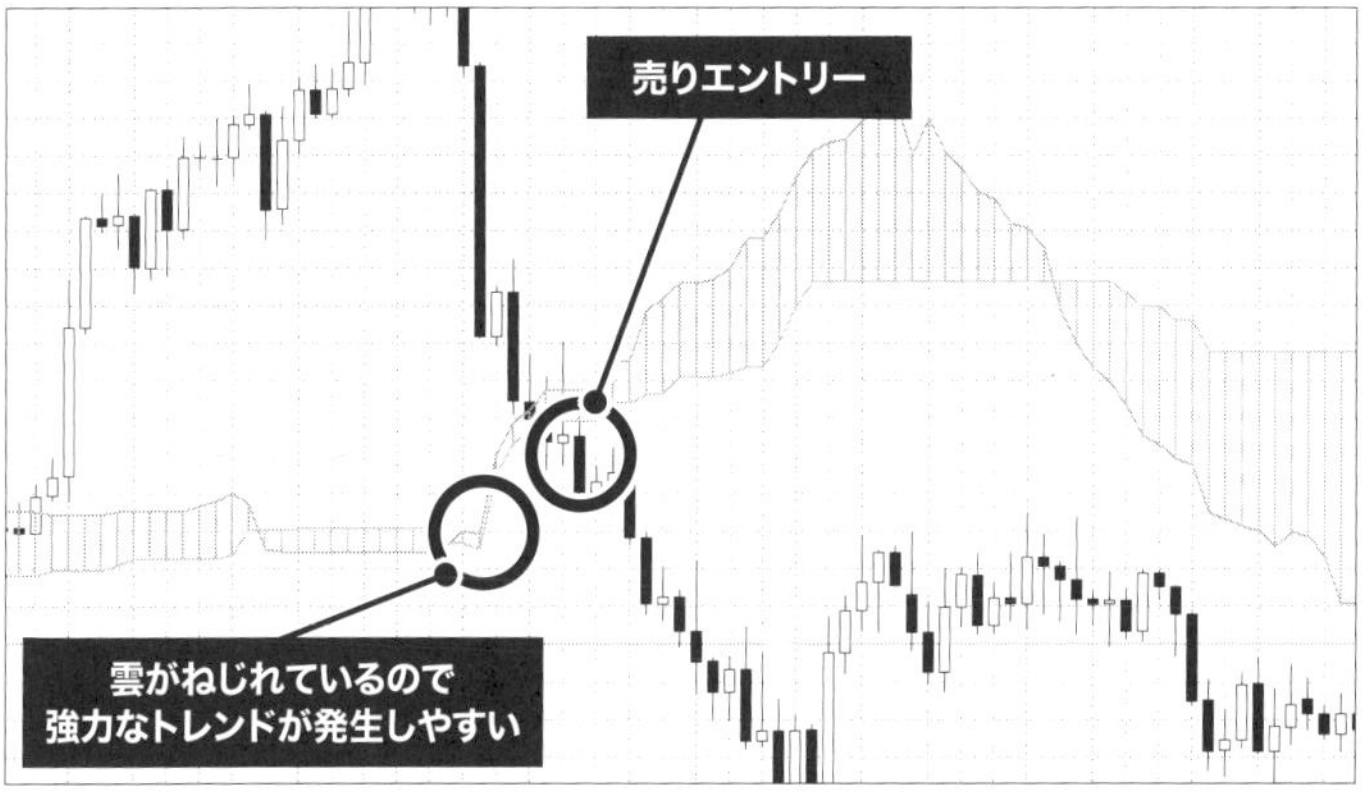
売りエントリー
雲がねじれているので
強力なトレンドが発生しやすい

相場分析で下降トレンドと判断しているときにローソク足が雲を下に抜けたら売りエントリーします。

厚い雲を突き抜けたときは期待値が低い

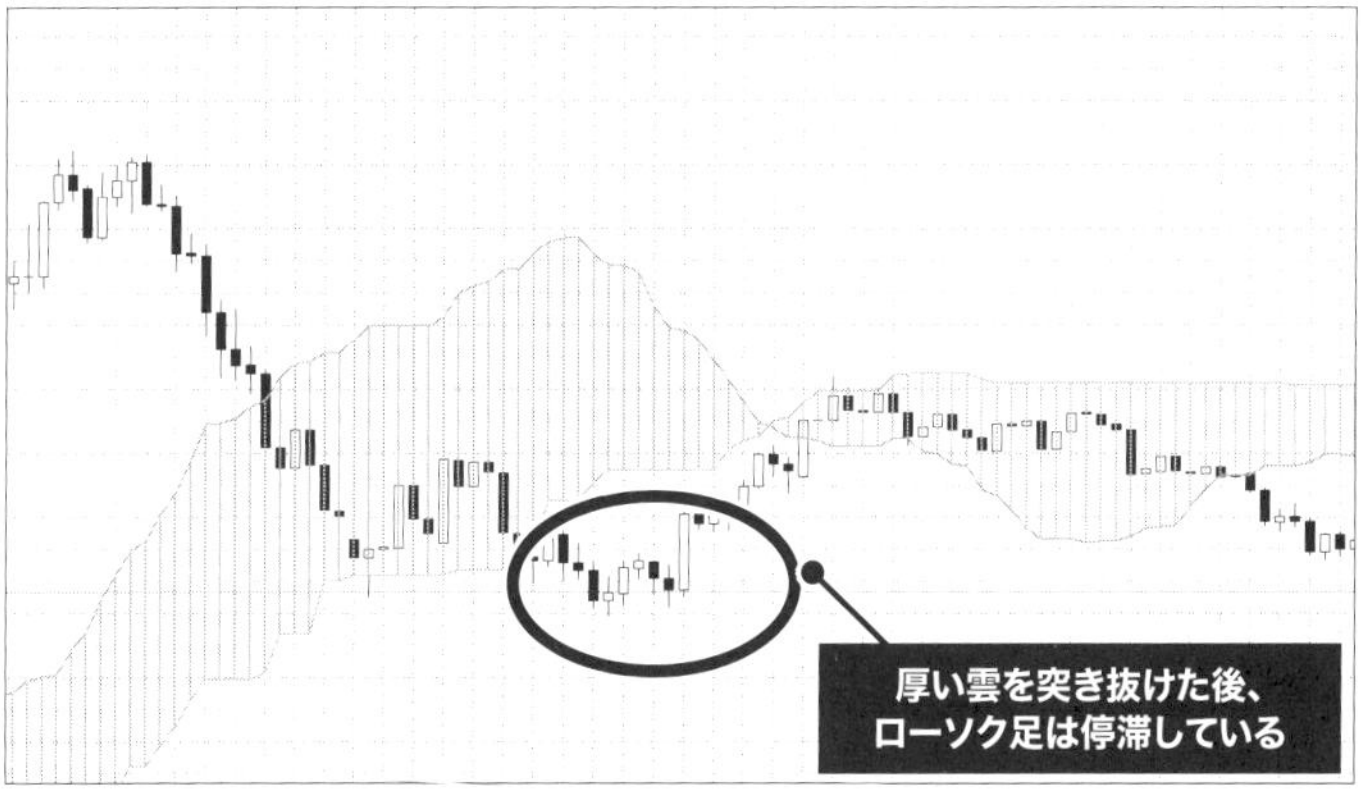
厚い雲を突き抜けた後、
ローソク足は停滞している

厚い雲を突き抜けた後は、ローソク足が停滞しやすいため、エントリー枚数は少なめにします。

04

日足で直近高値と直近安値を確認

私のイグジットのポイント

直近の高値と安値を利食い目標や損切り基準にします。損切り基準に達したらすぐに損切りを行い、利食い目標に達した場合は半分損切りし、次の高値や安値を利食い目標にします。

阿部圭太さん

日足で利食い目標と損切り基準を決める

エントリーしたら、直近の高値と安値を利食い目標や損切り基準にします。売りエントリーの場合は直近安値を利食い目標にし、直近高値を損切り基準にします。買いエントリーの場合は直近高値が利食い目標になり、直近安値は損切基準になります。

損切り基準まで、ローソク足が動いたらすぐに全ポジションをイグジットします。一方、利食い目標に達した場合は、半分イグジットして、次の高値や安値を利食い目標にします。

高値や安値は常にラインを引いておくと便利

高値や安値には常に水平線を引いておくとトレードするときに便利です。エントリーしてから、利食い目標や損切り基準を確認するよりも、エントリーするときにだいたいの利食い目標や損切り基準がわかっていれば、どれくらいの利益が狙えるのか、損失の可能性があるのかがわかるため、精神的にも楽になります。

「高値や安値の水平線はトレードするチャートだけではなく、日足や週足、月足などを参考にして引いていきます。ローソク足が急にもみ合ったり、大きく上昇・下降するときは過去の安値高値が関係していることもあるので、値動きの理由を考えるときの材料になります」

直近高値と直近安値で利食いや損切り

売りエントリーの場合

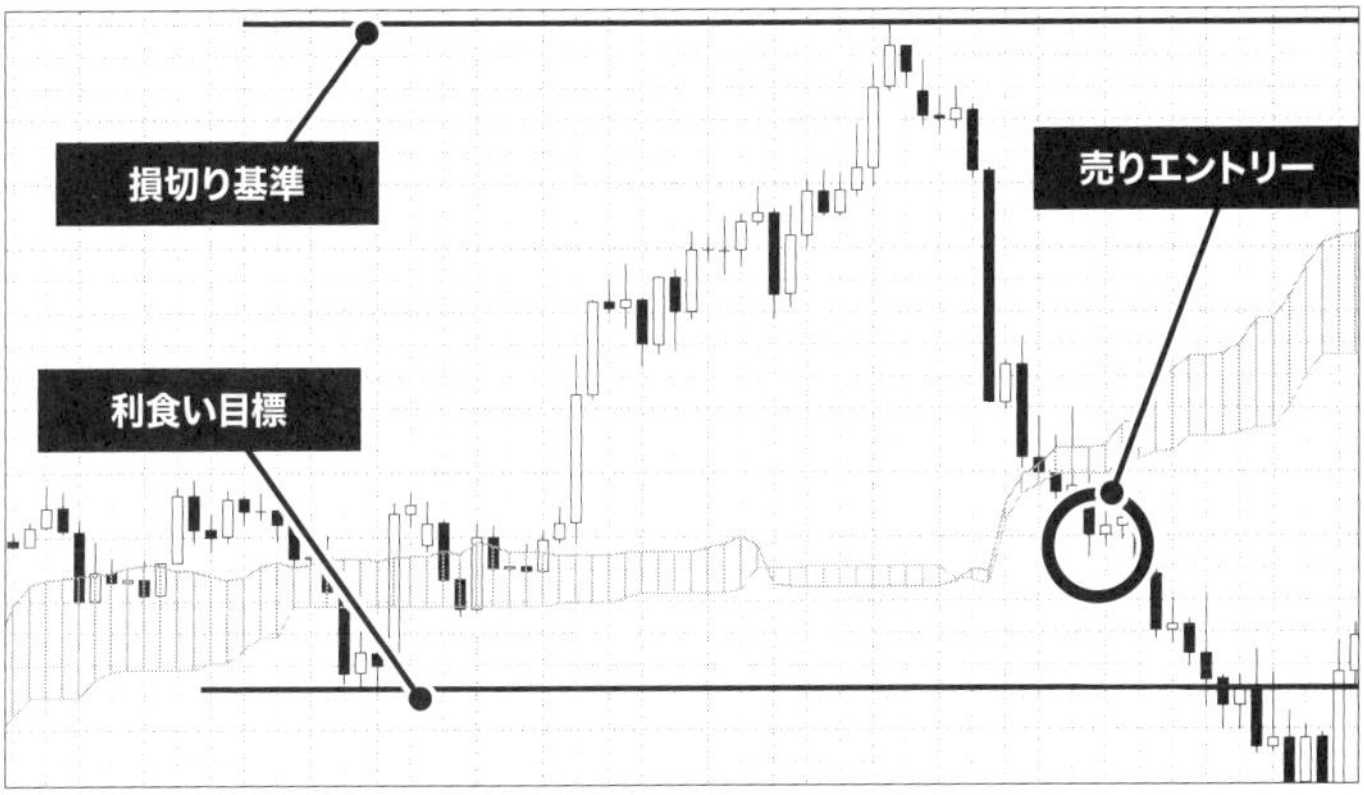

損切り基準に達したらすべてイグジット、利食い目標に達したら半分イグジットします。

利食い目標は複数用意する

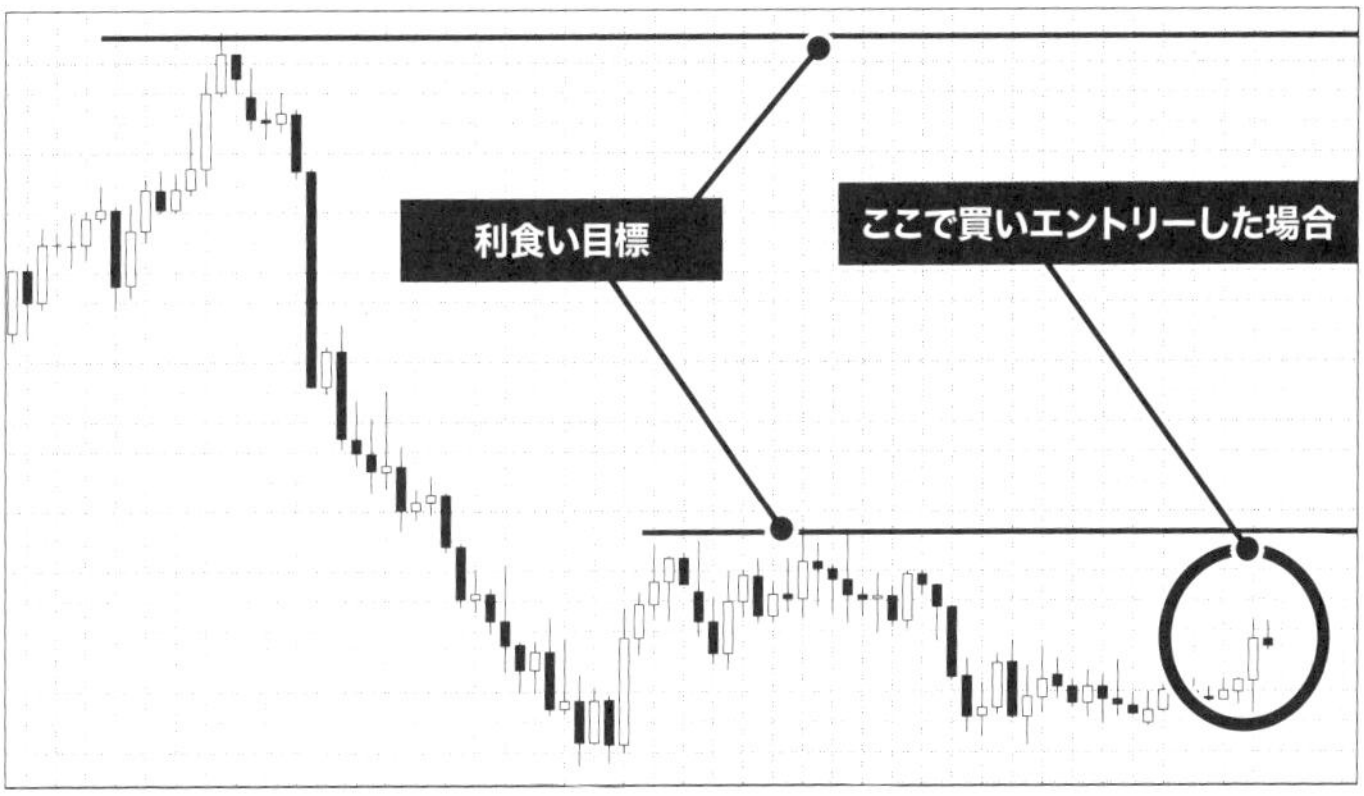

利食い目標に達したら、次の高値を利食い目標にします。利食い目標に達するたびに半分ずつイグジットすることで利益を確保しながら、さらなる利益を追求できます。

ローソク足が雲の中に戻ったらすべてイグジットする

05

ローソク足が雲まで戻ったらイグジット

私のイグジットのポイント

ローソク足が雲の中まで戻ったら、どんな状況でもすべてイグジットします。雲の中でもみ合うこともありますが、いったんイグジットして再び雲を突き抜けたらエントリーを狙います。

ローソク足が雲の中に入ったらイグジット

相場分析によるイグジット以外にも、雲を使ったイグジット方法があります。具体的には、ローソク足の実体がすべて雲の中に入った状態で確定したらトレンドが反転する可能性が高いため、イグジットします。

ローソク足が再び雲を突き抜けた場合は、そのときの相場状況を確認後、再エントリーします。雲を突き抜けるときは雲の中に入ったあとすぐに突き抜ける場合と、しばらくもみ合ってから突き抜ける場合がありますが、どちらの場合も相場分析で問題がなければ再エントリーします。

雲を一気に突き抜けた場合は確定前にイグジット

153ページ下のチャートのようにある程度厚い雲をローソク足が一気に突き抜けた場合は、ローソク足が確定する前にイグジットします。また、この場合は雲を突き抜けたことを理由にエントリーも行いません。

「雲を一気に突き抜けている場合は強力なトレンドが発生している可能性もあり

ますが、その後リバウンドしたり、もみ合ったのちに反転するなどリスクが高いと言えます。そのため、このパターンの時はエントリーせずに様子見に徹したほうが大きな損失を出さずに済みます」

ローソク足が雲まで戻ったらイグジット

買いエントリーの場合

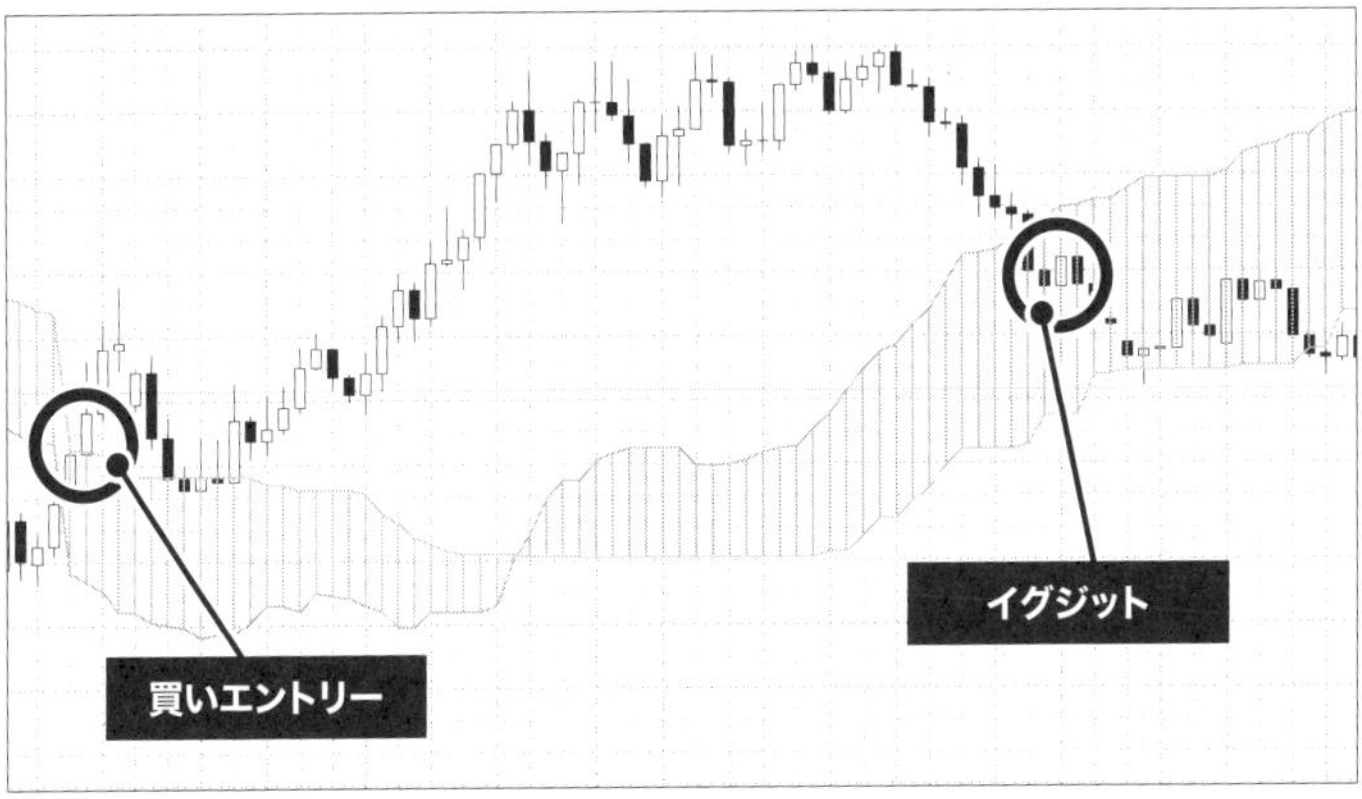

ローソク足が雲の中まで戻ったら、ローソク足が確定したのを確認してイグジットします。

一気に雲を抜けたら確定前にイグジット

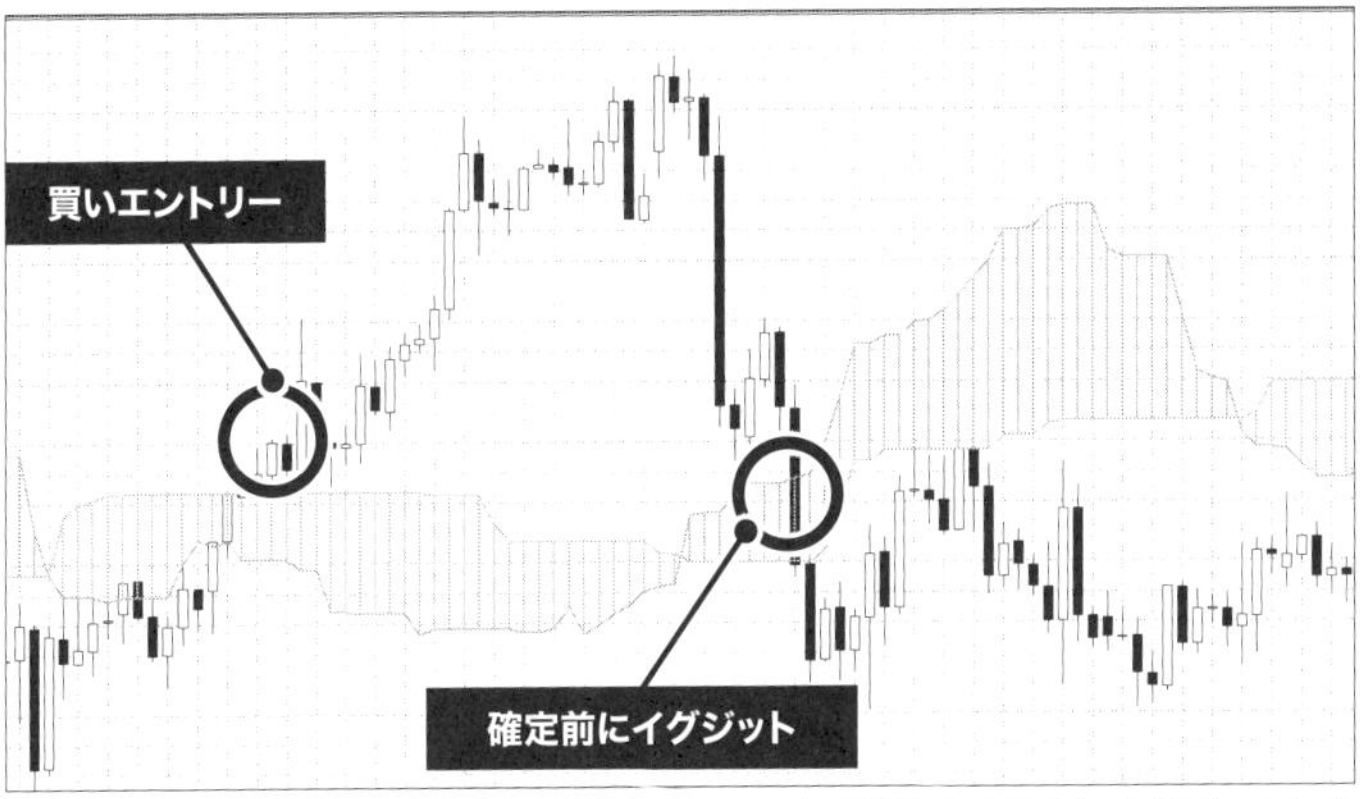

ローソク足が一気に雲を突き抜けた場合はローソク足が確定する前にイグジットします。

01
浅野春日さんの相場分析

私の相場分析のポイント

米ドル／日本円、英ポンド／日本円、ユーロ／日本円の３つの日足チャートを見て、通貨ごとの円高・円安、通貨ペア同士を相対的に見てどの通貨に対して、強いのか弱いのかを確認します。

浅野春日さん

3種類の通貨ペアの日足チャートを見る

相場分析のために浅野さんは米ドル／日本円、英ポンド／日本円、ユーロ／日本円の３種類の通貨ペアの日足チャートをみます。

みるべきポイントは次の2つです。

①それぞれの通貨ペアで円高か円安かの確認
②相対的に見て円安や円高が顕著に出ているのはどの通貨ペアかの確認

①についてですが、157ページ上の日足チャートを見てください。これは、米ドル／日本円、英ポンド／日本円、ユーロ／日本円の日足チャートです。どのチャートもいったん大きく円高に動いた後に円安方向に動きつつある状況だと判断できます。ただし、動き的には下降トレンドの戻りの可能性があるとも考えられるため、この時点ではトレードせずに様子見となります。

今後の展開としては、それぞれのチャートに引いた直近高値を超えた場合は上昇トレンドに転換する可能性が考えられ、直近安値を更新した場合は下降トレンドに進むと考えられます。

次に②のポイントです。相対的に見ると英ポンド／日本円とユーロ／日本円は比較的綺麗に下落しているので、円高の勢いが強いように見えます。一方、米ドル／日本円はもみ合っているため、他2通貨ペアと比べると円安・ドル高の力が強いと考えられます。

これらの状況から、この後下降トレンドになった場合は英ポンド／日本円かユーロ／日本円でのトレード、上昇トレンドへ転換した場合は米ドル／日本円でのトレードを行います。

浅野春日さん

浅野さんの相場分析

3種類の日足チャート

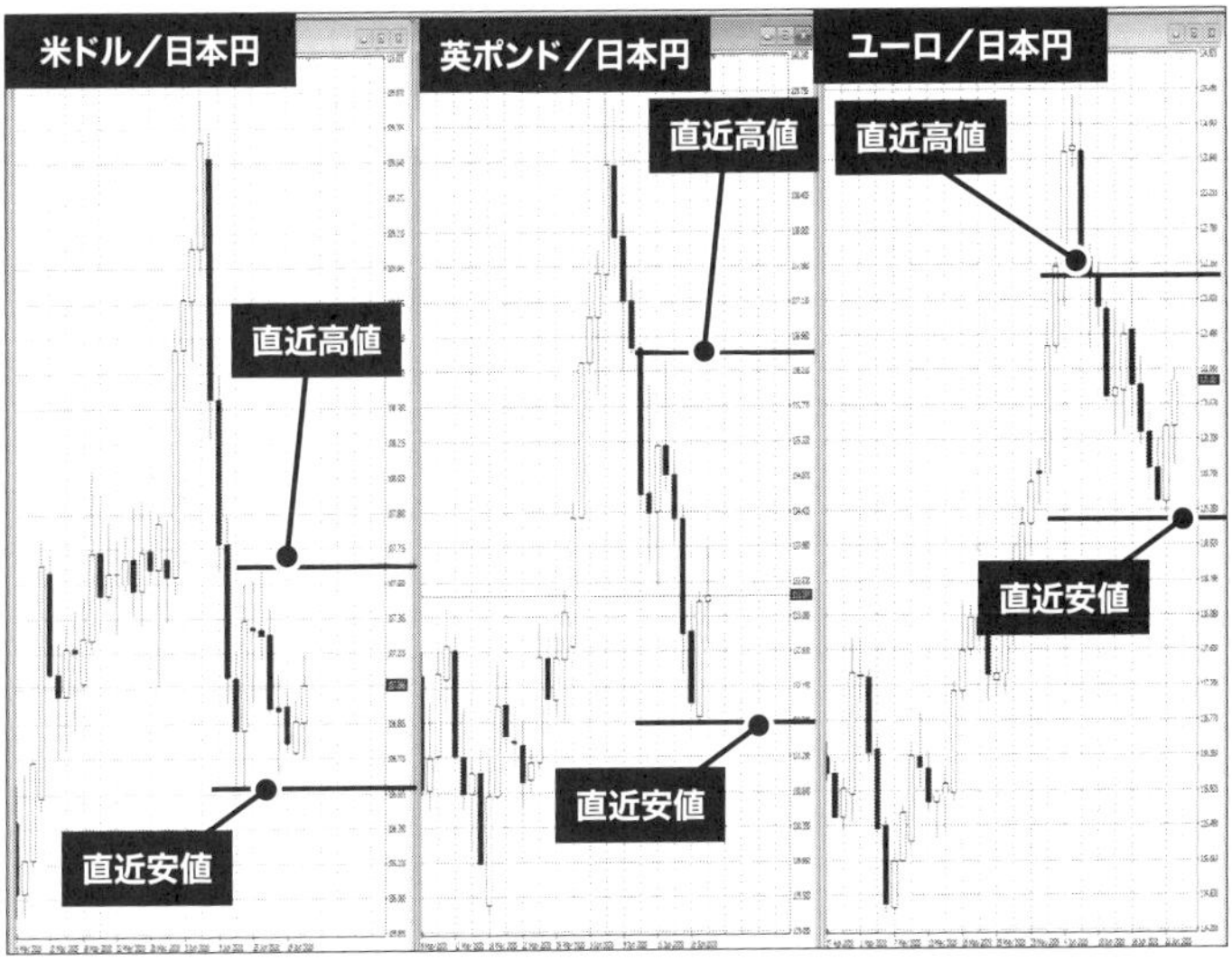

3 種類の日足チャートから円高・円安の強さを計ります。

トレード用チャートには2本の移動平均線を表示する

02

トレードには移動平均線を利用する

私の利食いのポイント

トレードには2本の移動平均線を利用し、表示するチャートは4時間足と1時間足チャートを使います。

▼チャートには2本の移動平均線を表示する

浅野さんの手法では、2本の移動平均線がクロスしたタイミングでエントリーを行います。

浅野さんのトレードでのチャート設定は以下のようになります。

・移動平均線
参照期間「21」
参照期間「75」
・ローソク足
「1時間足」「4時間足」
・通貨ペア
「米ドル／日本円」「英ポンド／日本円」「ユーロ／日本円」

時間足は1時間足と4時間足のどちらかで162ページで紹介する売買サイン

が出たチャートを使います。通貨ペアは154ページで解説した相場分析において、円高が強い通貨ペアで売りエントリー、円安が強い通貨ペアで買いエントリーを行います。

浅野春日さん

浅野さんのチャート画面

移動平均線を表示する

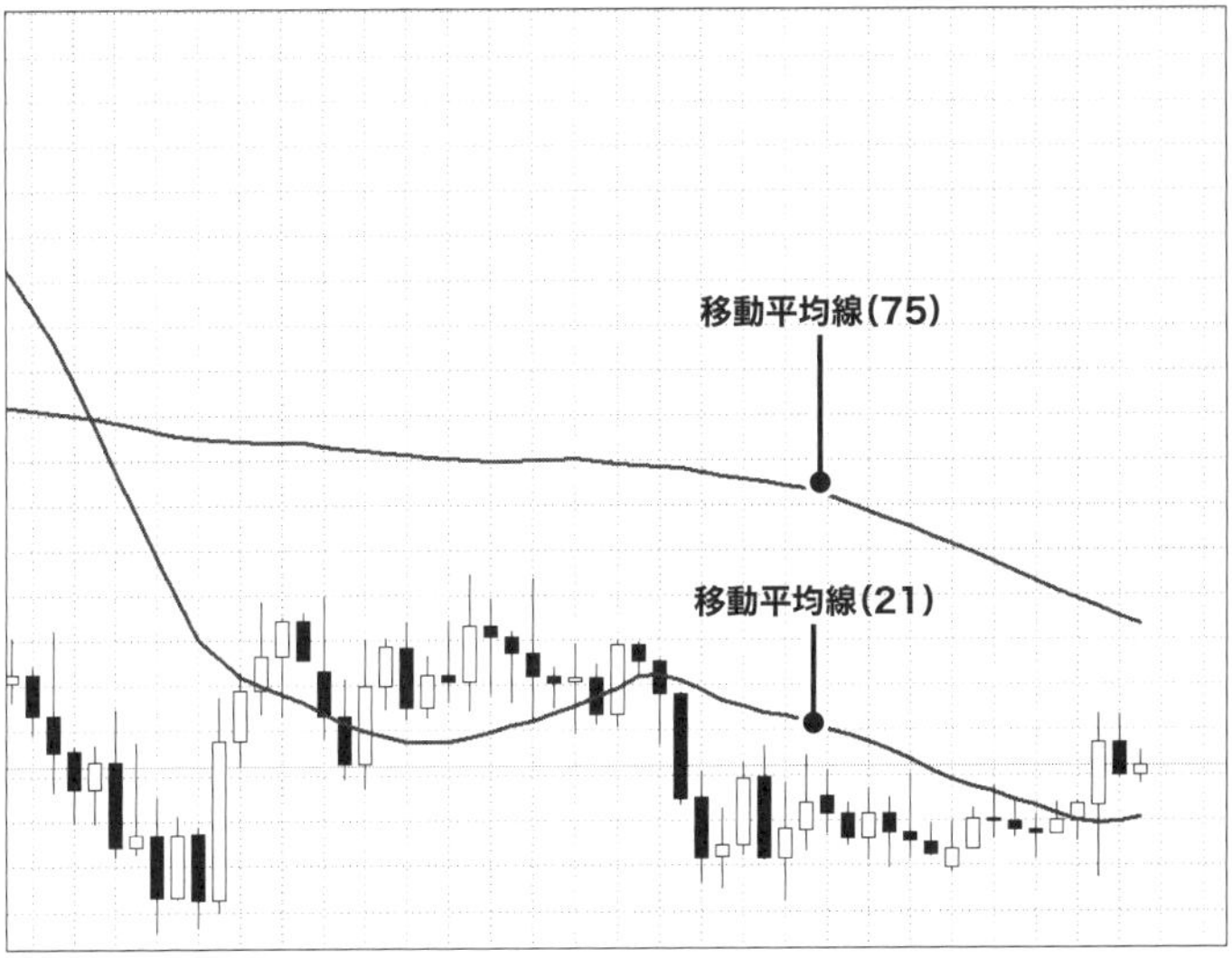
移動平均線(75)
移動平均線(21)

通貨ペアは米ドル／日本円、英ポンド／日本円、ユーロ／日本円。時間足は１時間足、４時間足を利用します。

相場分析の結果をもとにトレードする通貨ペアを選びます

トレンドに勢いがないときやトレンドの転換を判断したらイグジット

03

移動平均線のクロスでエントリー

私のエントリーのポイント

相場分析の結果をもとに、円高の勢いが強い通貨ペアや円安の勢いが強い通貨ペアで移動平均線がクロスしたらエントリーします。

浅野春日さん

移動平均線のクロスでエントリー

相場分析の結果から、トレンドがはっきりしているときにエントリーを行います。下降トレンドの場合は円高が強い通貨ペア、上昇トレンドの場合は円安が強い通貨ペアでトレードします。

具体的なエントリーポイントは、上昇トレンドの場合は参照期間75の移動平均線を参照期間21の移動平均線が上に突き抜けるゴールデンクロスが発生したら買いエントリーします。

下降トレンドの場合は、参照期間75の移動平均線が参照期間21の移動平均線を下に突き抜けるデッドクロスが発生したら売りエントリーします。

移動平均線とローソク足がもみ合っているときはエントリーしない

条件を満たしていても165ページ下のチャートのように、移動平均線とローソク足がもみ合っているような場合は、エントリーしません。移動平均線とローソク足がもみ合っている場合はその時間足においてトレンドがはっきりしていないため、エントリーするにはリスクが高いといえます。

とくに直前に強力なトレンドが発生したあとに起きやすい傾向があるので、チャートの動きに注意しましょう。

移動平均線のクロスでエントリー

買いエントリーの場合

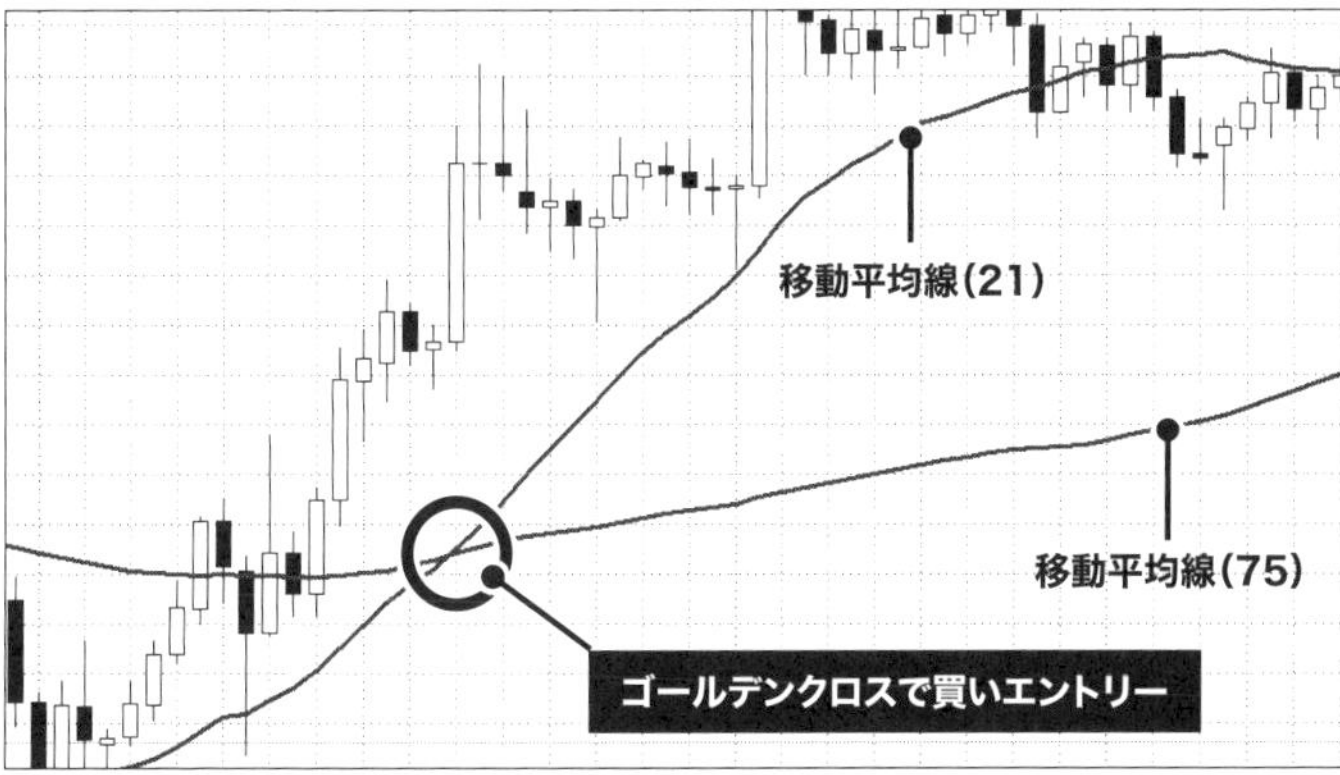

移動平均線（75）を移動平均線（21）が上に突き抜けるゴールデンクロスが発生したので買いエントリーします。

移動平均線がローソク足ともみ合っているときは様子見

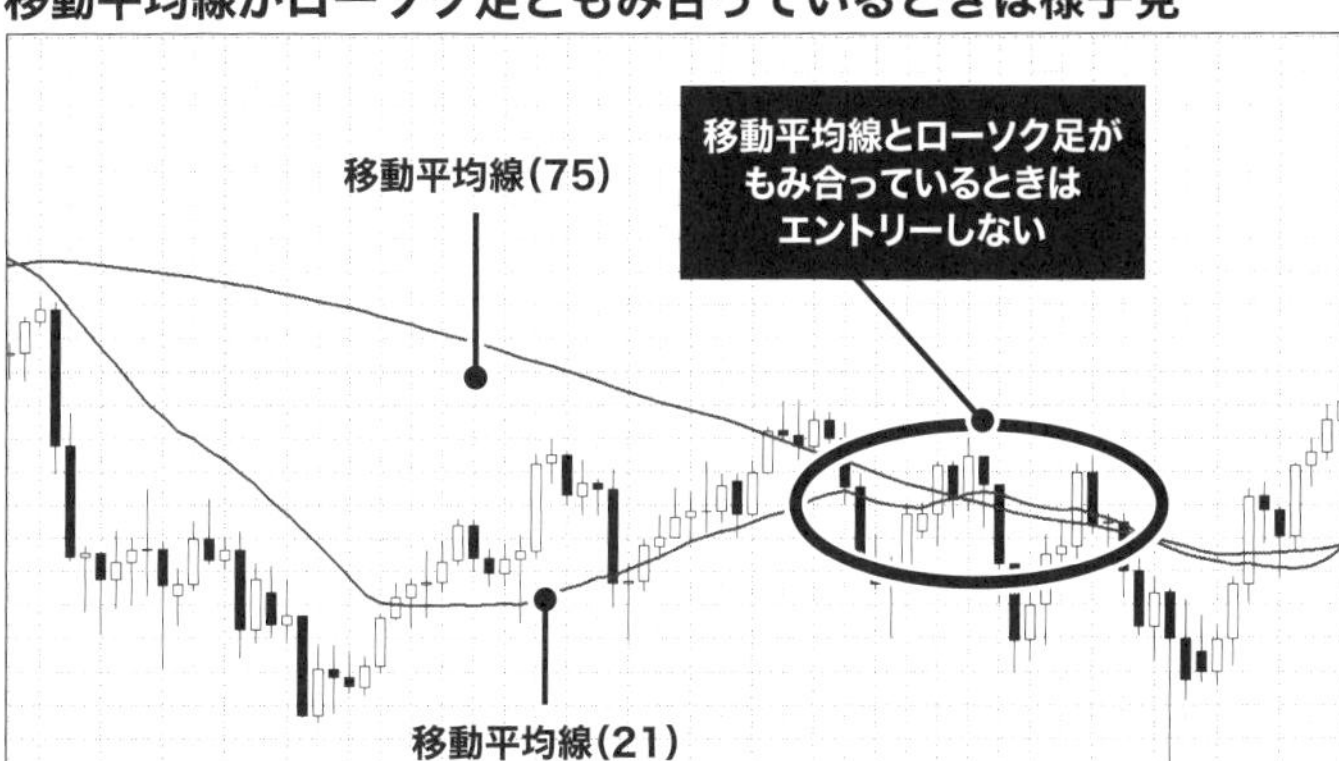

移動平均線とローソク足がもみ合っているときはゴールデンクロスやデッドクロスが発生してもエントリーしません。

3種類の通貨ペアのうちふたつが反転したらイグジット

04

相場分析によるイグジット

私のイグジットのポイント

3種類の通貨ペアのうちふたつが反転したら、トレンドが転換する可能性が高いと判断してイグジットします。

相場分析によるイグジット

イグジットの判断は相場分析によるものと移動平均線によるものの2つあります。まずは、相場分析によるイグジットから解説していきましょう。

相場分析によるイグジットは158ページと同様に3種類の通貨ペアの日足を利用します。

具体的には3種類のチャートのうち2つ以上でローソク足が反転した場合はイグジットします。たとえば、買いエントリーをした場合2種類以上のチャートで陰線、売りエントリーした場合は2種類以上のチャートで陽線が出現したらイグジットします。ヒゲや実体の長さは特に関係ありません。

エントリー中の通貨ペアが反転した場合は170ページで紹介するイグジット基準を満たしている可能性が高いのであまり気にする必要がありませんが、エントリー中の通貨ペアがエントリーした方向に動いている中で、残りふたつのチャートが反転した場合は、注意が必要です。

たとえば、英ポンド/日本円で買いエントリーを行い、順調に上昇トレンドが続いていたとします。その状況下で米ドル／日本円とユーロ／日本円の日足で陰線が出現した場合、相対的に見て円高の圧力が強くなったと判断できます。そのため、英ポンド／日本円で上昇トレンドが続いていてもイグジットを行います。

常に最悪の状況を想定する

イグジットを行うときは常に最悪の状況を想定してそれを避けるための動きをしましょう。前述した、英ポンド／日本円の買いポジションを持っている状況下で、米ドル／日本円とユーロ／日本円で陰線が出現したときはドル安・ユーロ安になったという考え方もできます。

しかし、最悪の状況（円高の圧力が強い）を優先して、イグジットを行うことで、リスクを抑えたトレードができます。

浅野春日さん

浅野さんの相場分析

英ポンドで買いエントリーしていた場合

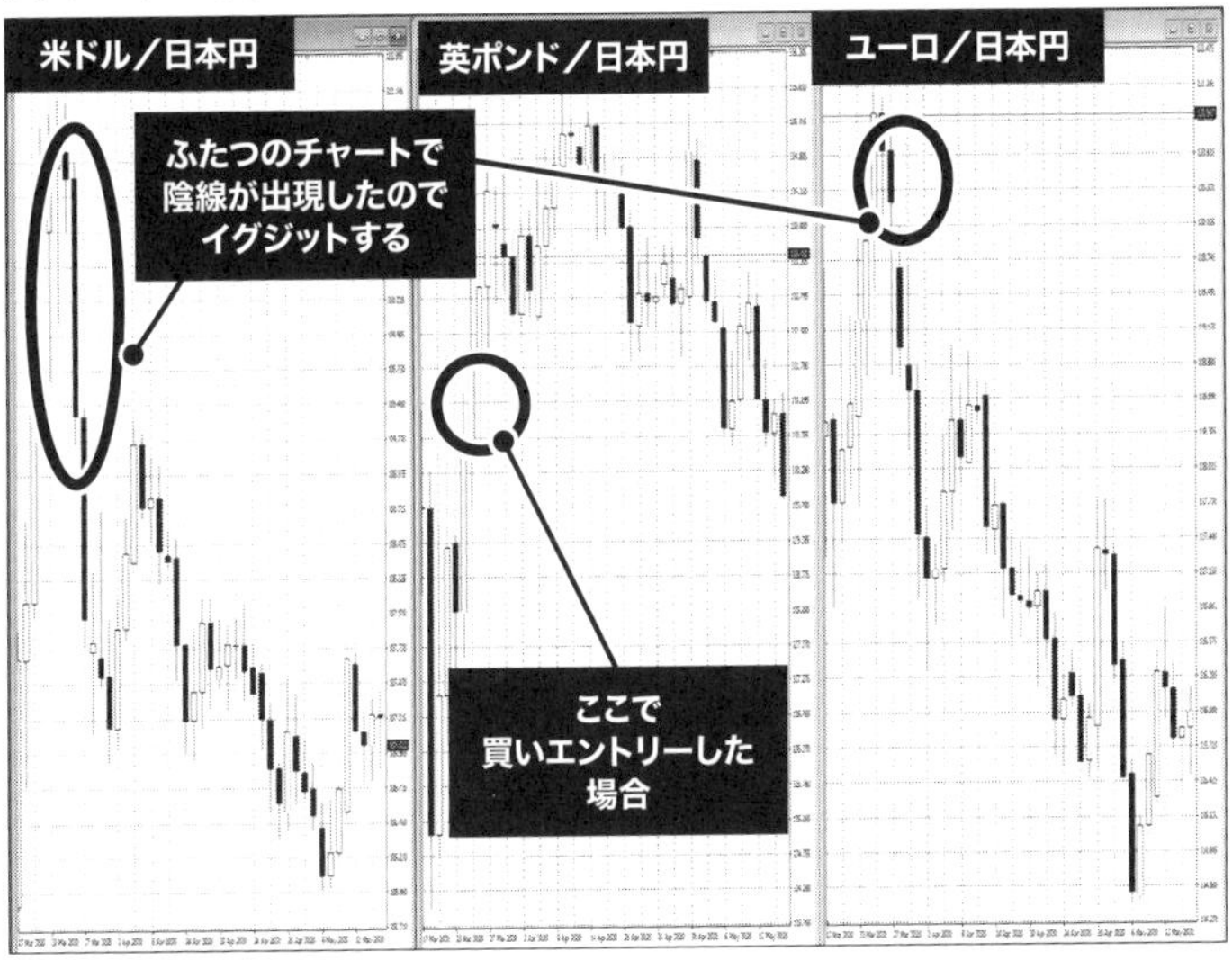
米ドル／日本円
英ポンド／日本円
ユーロ／日本円
ふたつのチャートで
陰線が出現したので
イグジットする
ここで
買いエントリーした
場合

3種類の日足チャートのうちふたつで陰線が出現したのでイグジットします。

最悪の状況を
想定してトレード

05

ローソク足が移動平均線をブレイクしたらイグジット

私のイグジットのポイント

ローソク足が参照期間75の移動平均線をブレイクしたらイグジットします。

また、ローソク足が参照期間21の移動平均線をブレイク後に明らかにトレンドが変わっている場合などもイグジットします。

移動平均線をブレイクしたらイグジット

ローソク足が参照期間75の移動平均線をブレイクしたらトレンドが変わった可能性が高いのでイグジットします。買いエントリーの場合はローソク足の下に移動平均線があるので下にブレイク、売りエントリーの場合はローソク足の上に移動平均線があるので上にブレイクしたらイグジットします。

たまに、戻りや押し目のタイミングでローソク足が一時的に移動平均線をブレイクする場合もありますが、そのときは相場分析でトレンドの方向性を確認して問題なければ反発したタイミングで再エントリーを行います。

場合によっては早めにイグジットする

ローソク足の動きによっては早めにイグジットする場合もあります。たとえば173ページ下チャートのように、ローソク足が参照期間21の移動平均線をブレイク後、押し目を作りながら上昇しているので、あきらかに上昇トレンドに転換したと判断できます。この場合は、イグジットを行います。特にこのときは、エントリーから時間がたち、ある程度の含み益があるので、無理に引き延ばす必要もないので、イグジットして利益を確定させます。

もし、エントリー直後にこの状況になった場合はポジションの5割〜8割程度をイグジットして様子を見ます。その後、利益が得られれば儲けものと考え、参照期間75の移動平均線をブレイクしたら全イグジットをします。

イグジットタイミング

ローソク足が移動平均線をブレイクしたらイグジット

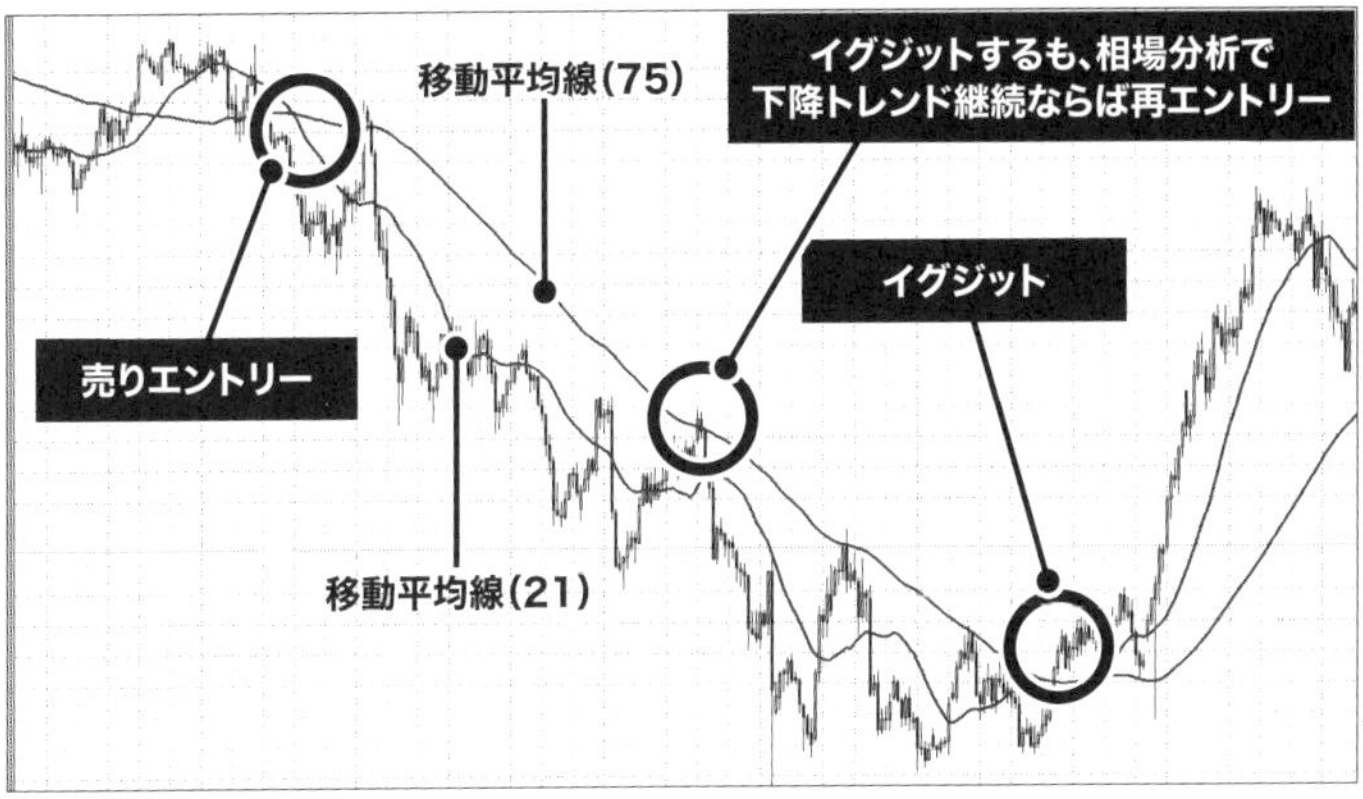

参照期間75の移動平均線を上にブレイクしたらイグジットしますが、戻りでブレイクした場合は、相場分析で下落トレンドが続いていれば再エントリーします。

トレンドが変わったらイグジット

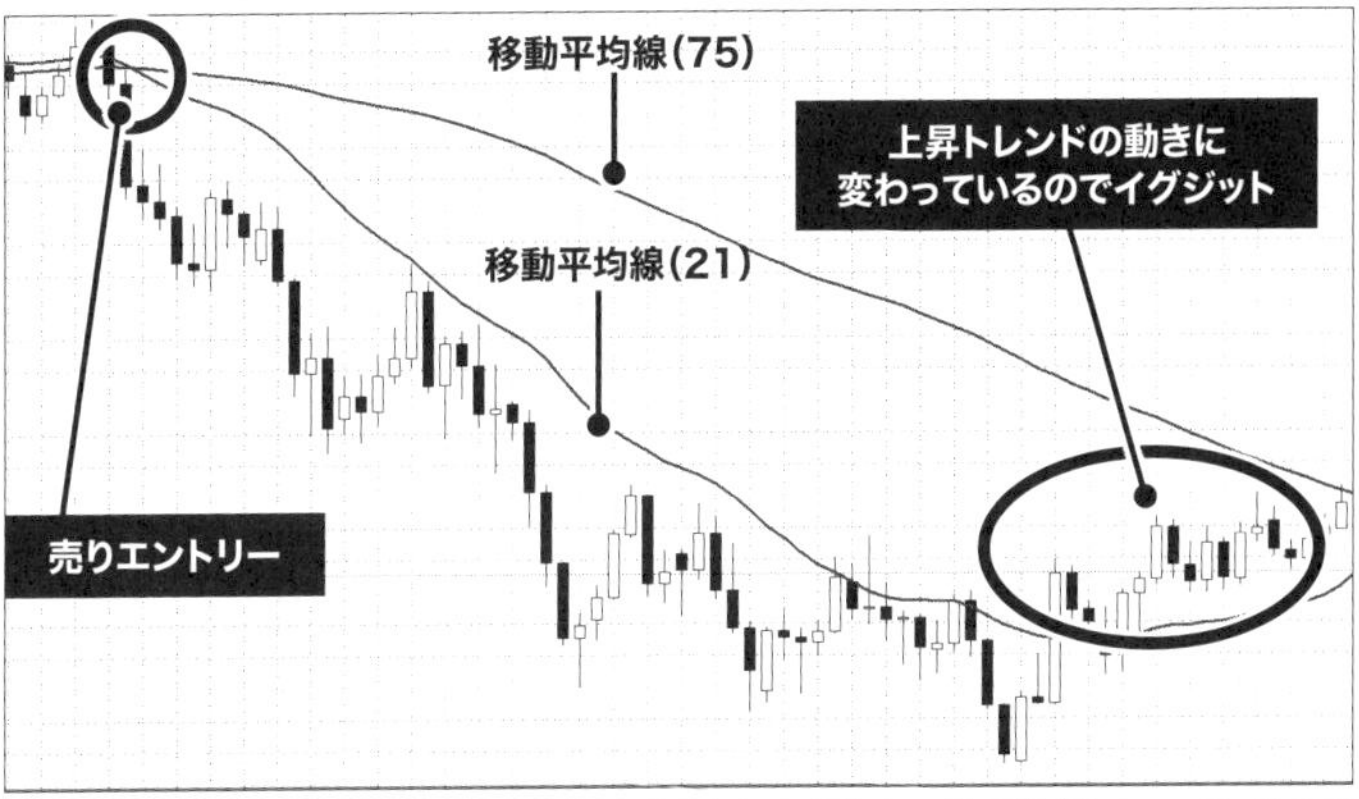

参照期間21の移動平均線をブレイク後に明らかに上昇トレンドの動きになっているのでイグジットします。

長期チャートを使って相場の現状を把握する

01

岡崎弘子さんの相場分析

私の相場分析のポイント

週足の形を重視します。これから相場がどのように動くのかを分析し、トレードの参考にします。週足でわかりにくい場合は、月足や日足をチェックします。

岡崎弘子さん

週足で相場分析

直近の動きからトレンドを確認する

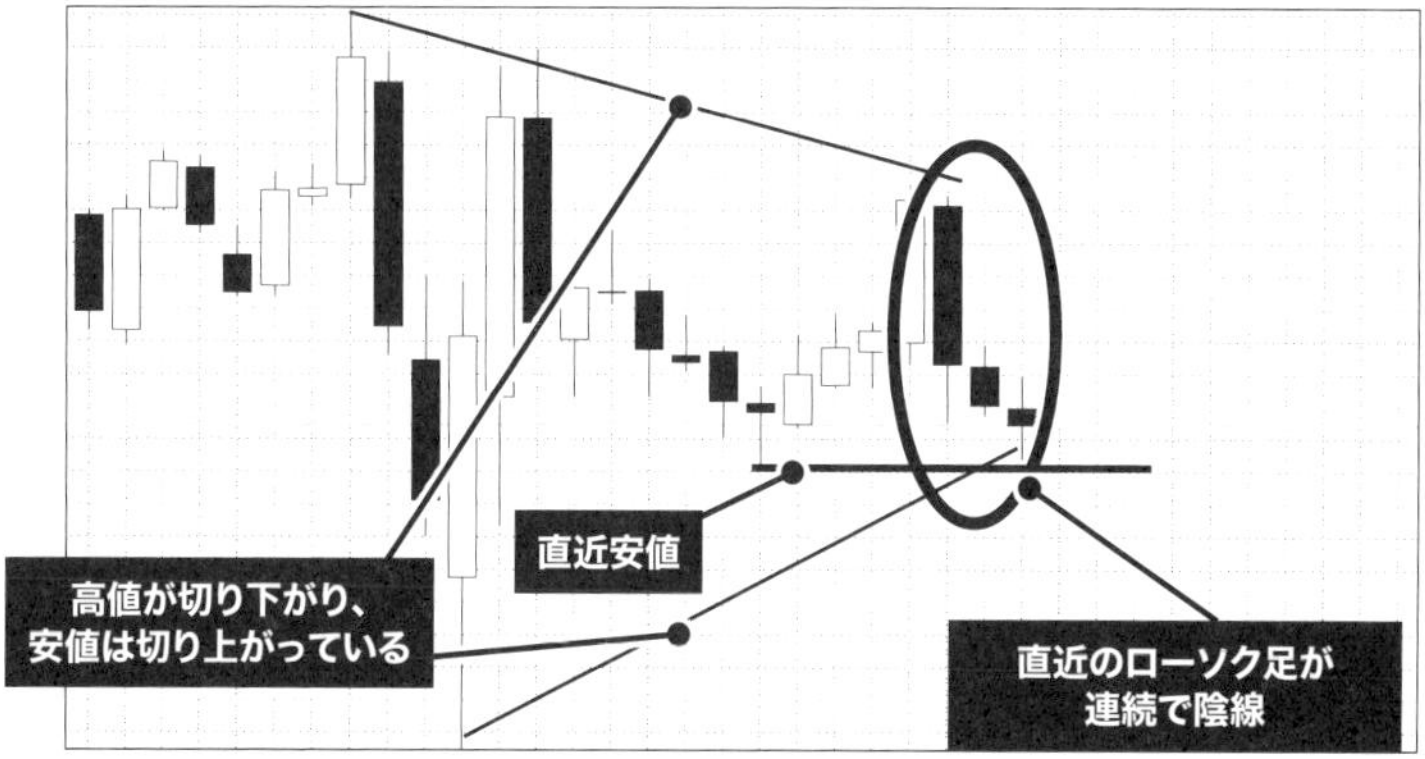

高値が切り下がり、
安値は切り上がっている
直近安値
直近のローソク足が
連続で陰線

短期的には下降トレンド、中長期トレンドは不明慮と判断できます。

週足で相場を分析

岡崎さんは、週足を使って相場分析を行います。詳しくは178ページで紹介しますが、トレードには日足、4時間足、1時間足を使うので、相場分析では短期的なトレンドや中長期のトレンドを判断し、今後どのように相場が動くのか予想を立てて、トレードの参考にします。

たとえば、上チャートのような場合は、高値が切り下がり、安値は切り上がっているので方向性があまり定まっていないと判断できます。ただし、直近安値を更新する場、下降トレンドに転換する可能性が高いので、安値更新をしたら売りエントリーが狙えます。

今度どのように動くのかと考えるために、長期間表示した週足チャートをみるとレンジ相場であることがわかります（左ページ上チャート参照）。176ページの直近安値を更新したらレンジの下限を目標に売りエントリーが考えられ、中長期的にはレンジブレイクのタイミングでエントリーを狙いたい状況です。

また、もう少し短いスパンの週足チャート（左ページ下チャート参照）で見ると三角持ち合いの形にもなっています。ただし、これはコロナウィルスの影響というイレギュラーなニュースによって大きく上下したことが要因となっているため、三角持ち合いのような動きをする可能性は薄いと岡崎さんは考えています。

そのため、短期的には直近安値を更新すれば売りエントリー。中長期的にはレンジの上限・下限を突破したらエントリーを狙うことになります。

岡崎弘子さん

岡崎さんの相場分析

米ドル／日本円の週足チャート

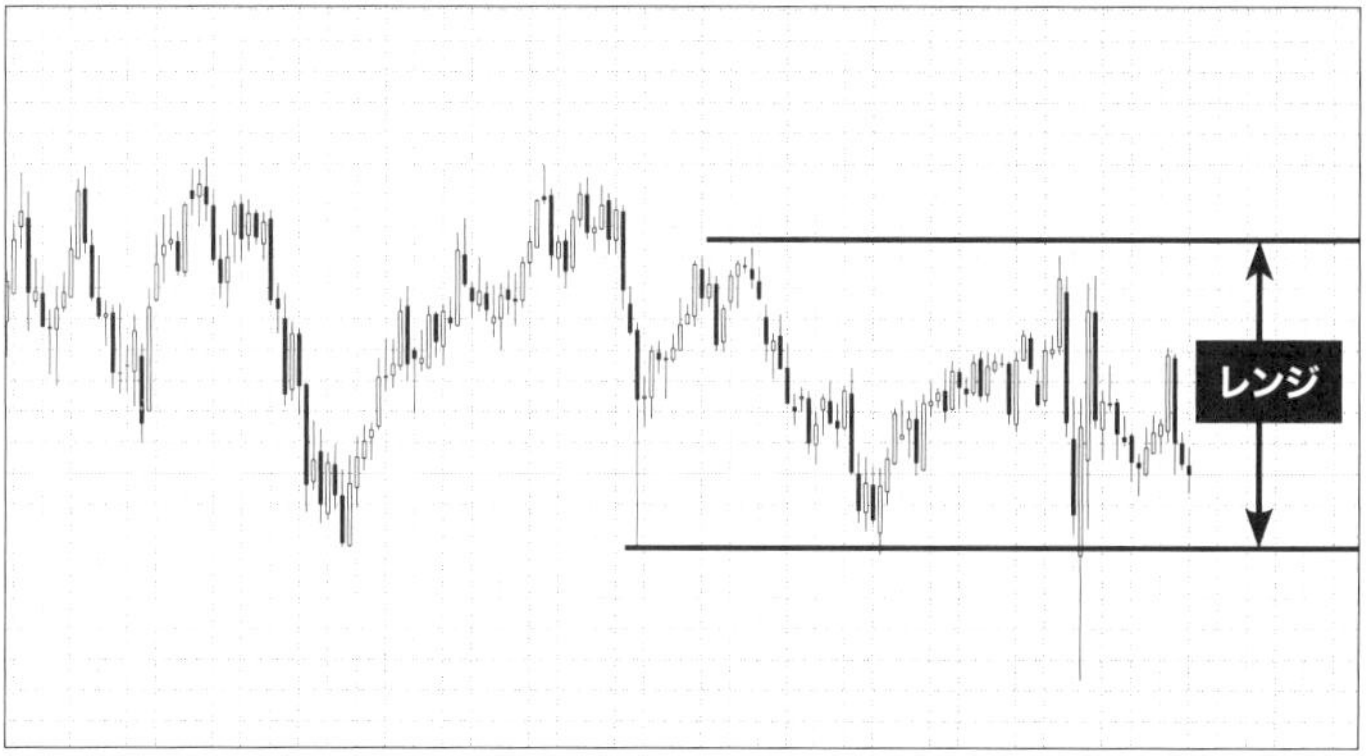

上記レンジで動いているので、レンジの高値・安値を意識したトレードを行います。

米ドル／日本円の週足チャート

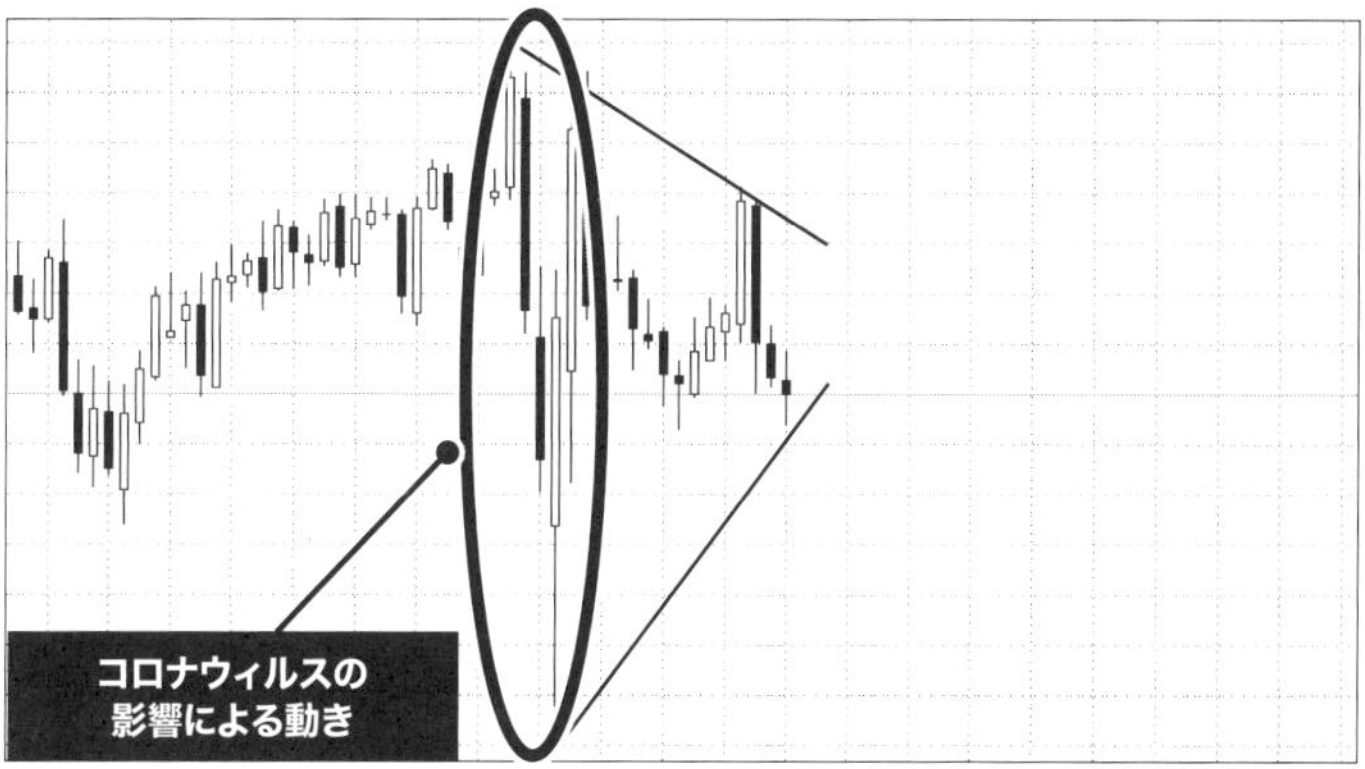

三角持ち合いの形にも見えますが、コロナウィルスによるイレギュラーな動きが含まれているため、三角持ち合いのような動きはしにくいと考えられます。

02

トレードにはボリンジャーバンドと雲を使う

私のチャートのポイント

トレードに使うテクニカル指標はボリンジャーバンドと一目均衡表の雲を表示し、1時間足と4時間足、日足のチャートを使います。

2 種類のテクニカル指標を表示する

岡崎さんは売買タイミングを決めるためにボリンジャーバンドと一目均衡表の雲を利用しています。

阿部さんのトレードするためのチャート設定は以下のようになります。

・一目均衡表
転換線「9」
基準線「26」
先行スパンＢ「56」
・ボリンジャーバンド
参照期間「21」
σライン「±１σ」「±２σ」「±３σ」
・ローソク足
「１時間足」「４時間足」「日足」

・通貨ペア

「米ドル／日本円」「ユーロ／日本円」「英ポンド／日本円」

一目均衡表は左ページチャートのように雲だけ表示させています。複数の時間足でトレードをしますが、１７４ページで行った相場分析で短期のトレンドがはっきりしているときは1時間足チャート、中長期のトレンドがはっきりしているときは４時間足や日足チャートを利用します。

岡崎弘子さん

岡崎さんのチャート画面

ボリンジャーバンドと雲を表示する

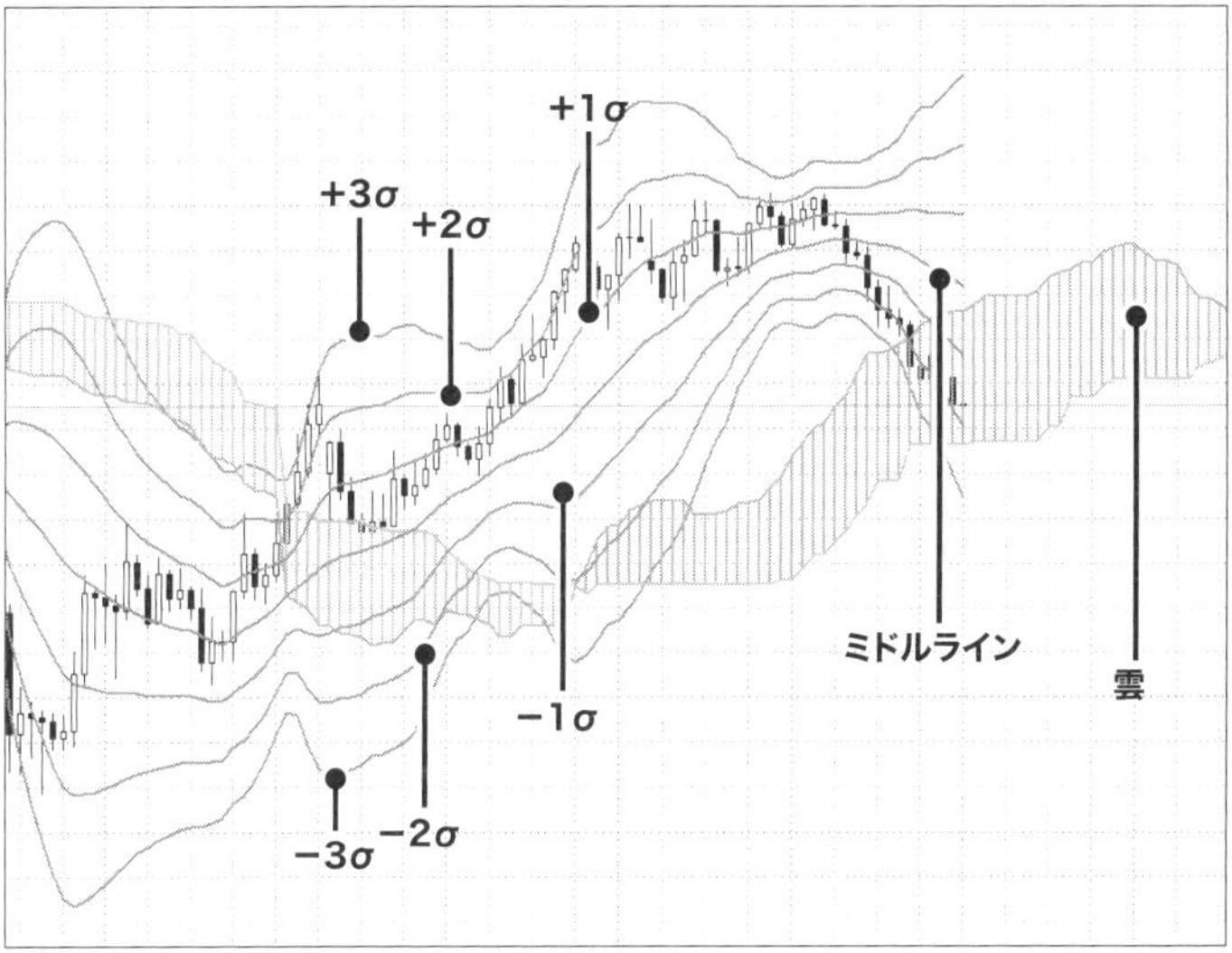

通貨ペアは米ドル／日本円、ユーロ／日本円、英ポンド／日本円。時間足は１時間足、４時間足、日足を利用します。

エントリーはふたつのポイントがある

03

エクスパンションの発生と雲の位置を確認してエントリー

私のエントリーのポイント

ボリンジャーバンドでエクスパンションが発生したら、雲とローソク足の位置でエントリーを判断します。

エクスパンションと雲の位置でエントリー

174ページの相場分析をもとに、トレンドと同じ方向のエントリーを狙います。具体的なエントリーのタイミングは、ボリンジャーバンドと雲の動きを見て決めます。

ボリンジャーバンドでエクスパンションが形成（185ページ参照）されていれば、トレンドが強くなっていると判断できます。そのときに、雲がローソク足の上にあれば下降トレンド、雲がローソク足の下にあれば上昇トレンドと判断します。雲によるトレンドと相場分析によるトレンドの方向が一致していればエントリーを行います。

また、場合によってはエクスパンションと同時にローソク足が雲を突き抜けていることがあります。このときもトレンドの方向が同じならエントリーをします。

先行する雲がねじれているときは期待大

エントリーをするときに先行する雲がねじれている場合（先行スパンがクロスしている）はその地点が変化日になります。変化日とはトレンドの加速や減速、反転などトレンドの動きが変化するポイントです。エクスパンション発生後にねじれが発生している場合は強力なトレンドになる可能性が考えられるため、エントリー枚数を増やします。

買いエントリーの場合は、先行スパンＡが先行スパンＢを上に抜けるねじれ、売りエントリーの場合は先行スパンＡが先行スパンＢを下に抜けるねじれが発生した際、その期待値が高まります。

「雲の動きはその後の動きを分析するのに役立ちます。たとえば、雲が薄いままあまり上下しないときは相場もあまり動かない傾向があり、雲が厚いまま大きく上下したときは相場も大きく動く傾向があります。自分なりに勝てる雲の動きを見つけて、勝率が高い雲の動きをするときはエントリー枚数を増やすなどするといいでしょう」

エクスパンションでエントリー

売りエントリーの場合

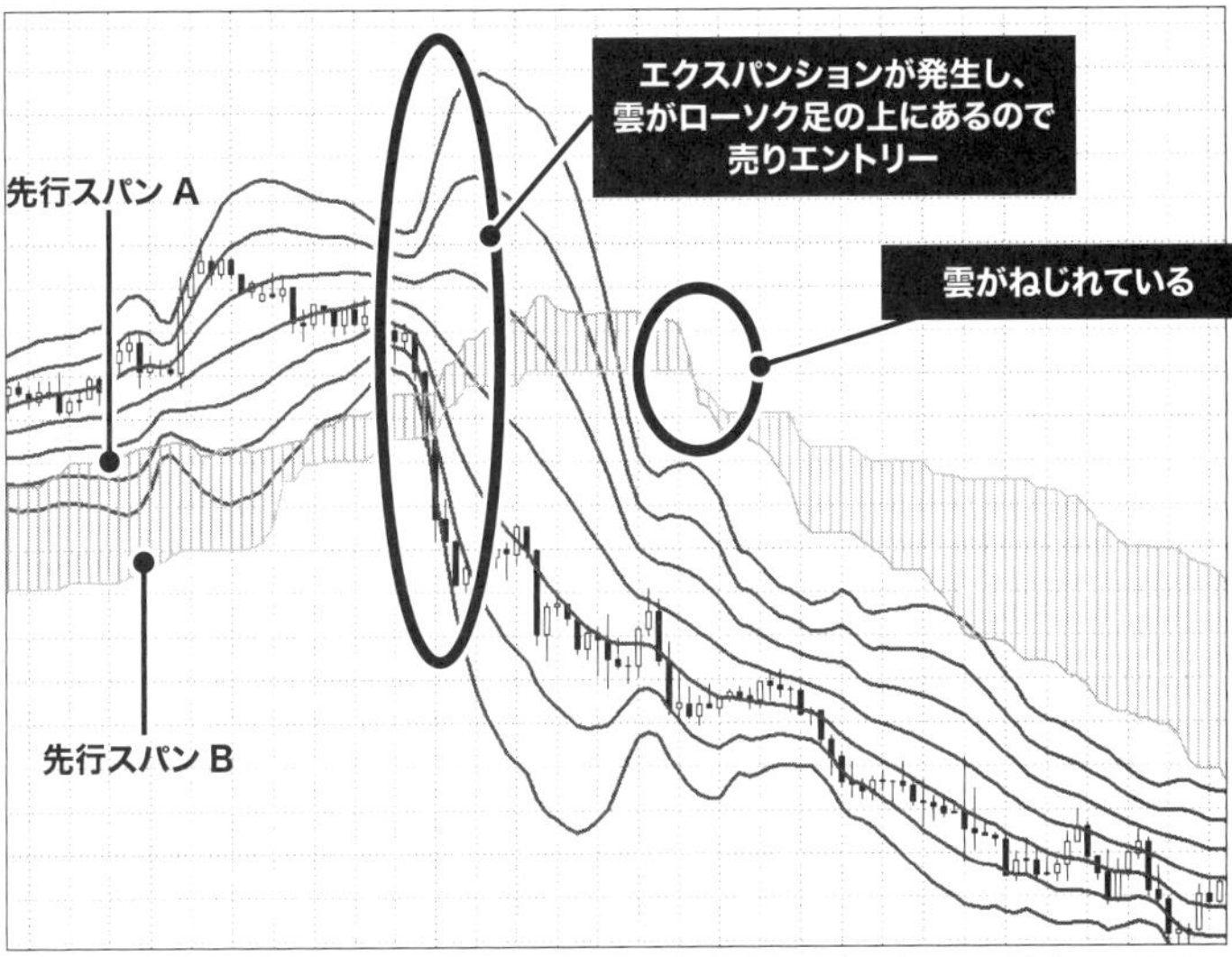

エクスパンションが発生し、ローソク足が雲の下（突き抜けて）にあるので売りエントリーします。また、先行する雲がねじれいるのでエントリー枚数を増やします。

04

過去の高値や安値で一部利食いをする

私のイグジットのポイント

過去の高値や安値に達したら保有ポジションの一部を利食いします。高値や安値を確認するとき、1時間足でトレードしている場合は4時間足、4時間足では日足、日足では週足とチャートごとに使い分けて確認します。

直近の高値や安値で一部利食いをする

イグジットは過去の高値・安値を利用したものと雲を利用したもの、ボリンジャーバンドを利用したもの（190ページ参照）の3種類があります。

まずは、過去の高値・安値を利用したイグジットについて解説します。

買いエントリーの場合は直近の高値、売りエントリーの場合は直近の安値が利食い目標になります。利食いする際は、高値や安値に達した時点で保有ポジションの一部（3〜4割）をイグジットし、さらに次の高値や安値を利食い目標として、段階的にイグジットしていきます。

たとえば、189ページのチャートで買いエントリーした場合は高値Aが直近の高値なので、ここまで上昇したらポジションの一部をイグジットします。さらに上昇して高値Bまで到達したらさらに一部のポジションをイグジットします。

高値や安値は1時間足でトレードしている場合は4時間足、4時間足でトレードしている場合は日足、日足でトレードしている場合は週足を参考にすると引きやすいでしょう。トレードのたびにラインを引き直すのは面倒なので、あらかじめそれぞれの時間足の高値と安値に水平線を引いておくといいでしょう。

ちなみに、この基準ですべてのポジションをイグジットすることはありません。すべてのポジションをイグジットする基準は190ページで紹介するので参考にしてください。

過去の高値や安値でイグジット

エントリー時は時間足の長いチャートで直近高値安値を確認

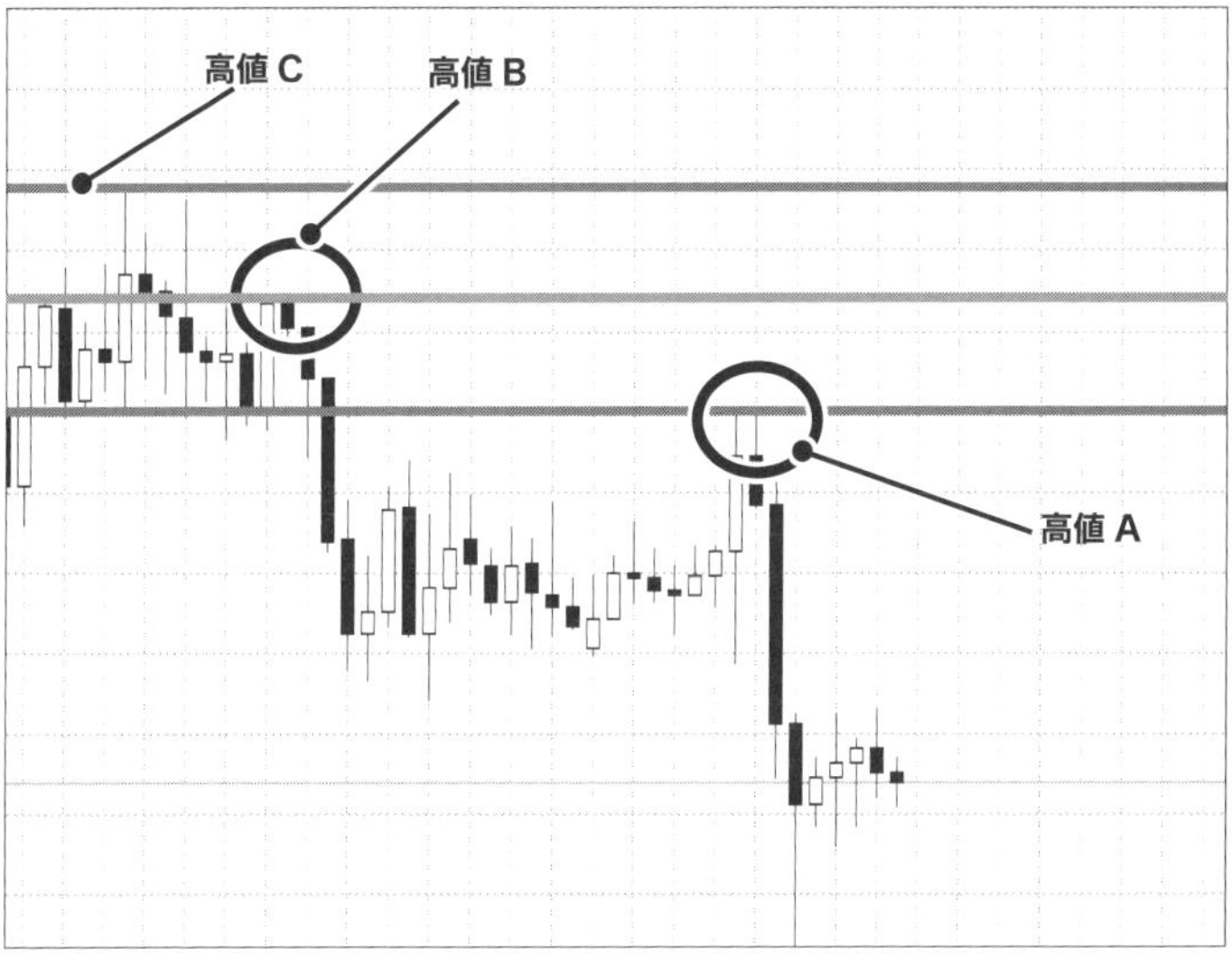
高値 C
高値 B
高値 A

買いエントリーした場合、直近高値である高値 A まで上昇したら一部のポジションをイグジット、高値 B や高値 C まで到達するたびに一部のポジションをイグジットします。

この基準では
すべてのポジションを
イグジットしません

ボリンジャーバンドの動きや雲とローソク足の位置に注目

05

テクニカル指標を利用したイグジット

私のイグジットのポイント

ローソク足が雲の中に入ったり、ボリンジャーバンドがスクイーズの動きを見せたらイグジットします。スクイーズの場合はダマシの可能性もあるため、すべてイグジットせず一部だけをイグジットします。

スクイーズが発生したら、イグジット

テクニカル指標を利用したイグジットは２パターンあります。

ひとつめは、ボリンジャーバンドを利用したイグジットです。

ボリンジャーバンドがスクイーズの動きをしたら、イグジットをします。ただし、スクイーズが発生しても一時的なもみ合いだったり、ダマシの場合もあるのですべてのポジションはイグジットせず、１８６ページで紹介した高値・安値を利用したイグジットと同じように保有ポジションの3～4割程度をイグジットします。

「高値・安値のイグジットもボリンジャーバンドのイグジットも一部だけイグジットすることで、ある程度の利益は残しつつ、大きな利益も狙っていきます。利益確定をすることで精神的に落ち着きながらトレードできるのが利点でもあります」

この考えについて、すべてイグジットするという人もいます。しかし、岡崎さんはこの考えを取り入れて、月間ベースや年間ベースで収支を見たときに、一部だけ利益確定を行った方が成績が良かったとのことです。

▼ローソク足が雲の中に入ったらイグジット

雲を利用したイグジットでは保有しているポジションをすべてイグジットします。具体的なイグジットのタイミングは、ローソク足の実体がすべて雲の中に入った状態で確定したときです。この動きは、トレンドが終了したり、反転する可能性が高いためイグジット行います。

また、ある程度厚い雲をローソク足が一気に突き抜けた場合は、大きく相場が動く可能性が高いので、ローソク足が確定する前にイグジットします。

雲やボリンジャーバンドでイグジット

売りエントリーの場合

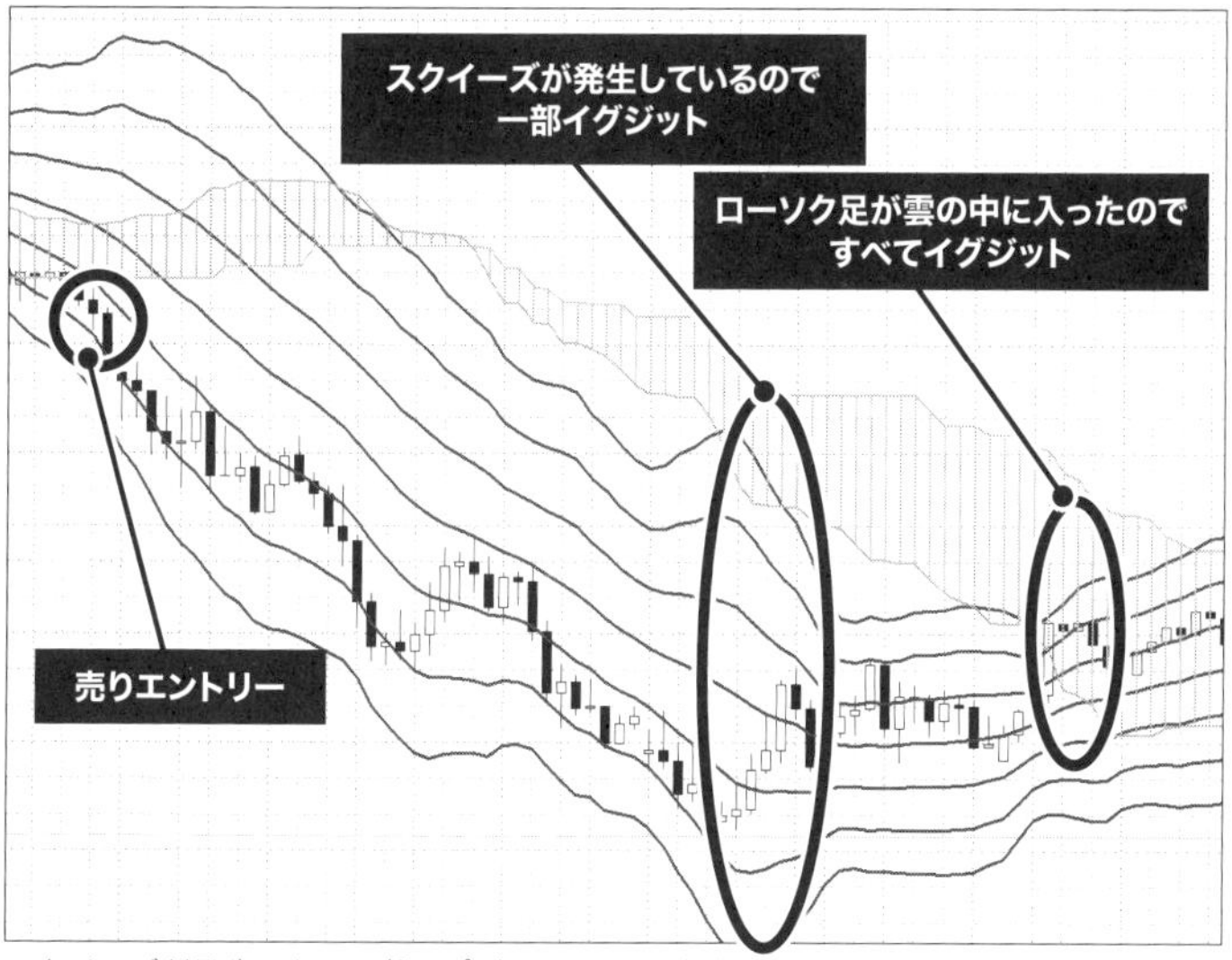
スクイーズが発生しているので
一部イグジット
ローソク足が雲の中に入ったので
すべてイグジット
売りエントリー

スクイーズが発生したら一部のポジションをイグジットし、ローソク足が雲の中に入ったらすべてのポジションをイグジットします。

ローソク足が
雲の中に入ったら
すべてイグジットします

過去チャートで意識される価格を探しだす

01

篠原雄一郎さんの相場分析

私の相場分析のポイント

相場の節目になる高値や安値を確認し、そこから現在の価格からどこまで動く可能性があるのか、今のトレンドの終着点はどこになるのかなどを分析します。

日足で相場分析

高値と安値をチェックする

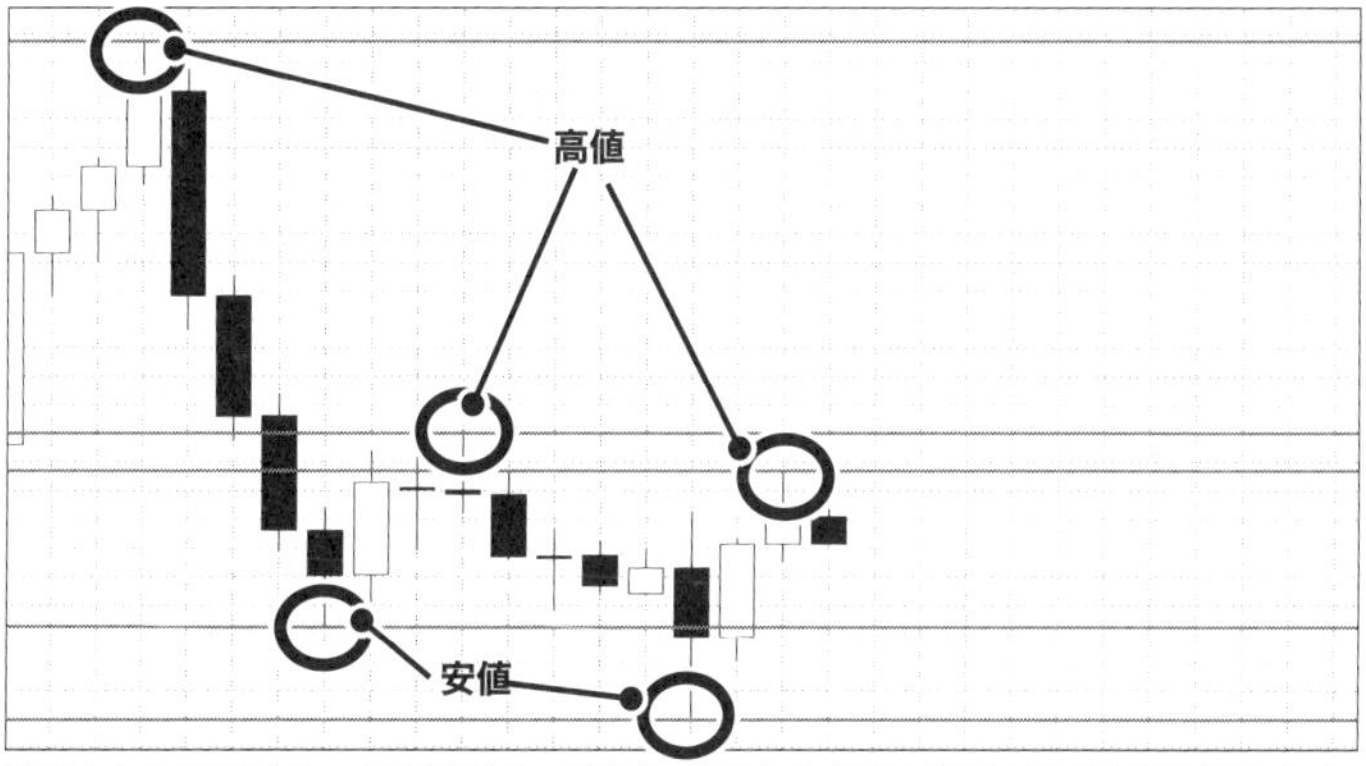

節目となる高値が３つと安値が２つがあり、ここから今度の相場の動きを読み解きます。

高値と安値をチェック

篠原さんの相場は過去の高値や安値のチェックから始めます。チェックするチャートは日足と週足のふたつですが、どちらもチェックする項目は変わりません。

たとえば、上チャートは米ドル／日本円の日足チャートですが、3か所の節目になる高値と2か所の節目になる安値があります。

高値と安値はともに切り下がっているので、下降の力が強いと判断できます。

今後の動きは、下降トレンドが続

けば直近の安値を下に突き抜ける動きをすると考えられます。

左ページはさらに過去の安値にラインを表示した日足チャートです。わかりやすくするために高値のラインは消し、過去の安値のみ太くしています。下降トレンドが続いた場合に目標となるのは太いラインで引いた節目となるこの安値です。この価格を更新すれば下降トレンドが続く可能性が高く、更新できずに反発すれば上昇トレンドへ転換すると考えられます。

もう一度、195ページのチャートに戻ってください。今度は上昇トレンドに転じた場合の動きを考えていきます。このチャートは下降トレンドの動きではあるものの下落幅は狭いので、いつ上昇トレンドに転換してもおかしくはありません。

直近の高値を更新した場合は、上昇トレンドを疑ったほうが良いでしょう。その場合、目標となる価格は過去もっとも高い高値になります。

このチャートでの全体的な考えとしては、売りエントリーを狙いつつ、高値を意識しながら上昇トレンドへの転換した場合に備えるということになります。

篠原雄一郎さん

下降トレンドが続きそうなら安値に注目する

さらに過去の安値に注目する

安値

下降トレンドが続く場合は、節目となる安値にラインを引き、これらの価格を更新すれば下降トレンドが続く可能性が高いと判断します。

一度引いたラインは消さずに残しておけば役立ちます

できるだけ効率的なトレードができる設定にする

02

ボリンジャーバンドだけでトレード

私のチャートのポイント

できるだけ効率的なトレードをするために、ボリンジャーバンドのみを表示した日足チャートと週足チャートを利用します。通貨ペアは複数利用しますが、基本的に米ドル／日本円でトレードします。

ボリンジャーバンドのみを使ってトレード

篠原さんはより効率的なトレードを目指し、できるだけチャートを見る時間を少なくすることを考えています。そのため、1日数回程度のチャートチェックでもトレードができる長期トレードに絞っています。トレードするチャートは日足と週足に絞り、ボリンジャーバンドのみを表示します。

篠原さんのチャート設定は以下のようになります。

・ボリンジャーバンド
参照期間「21」
σライン「±1σ」「±2σ」「±3σ」
・ローソク足
「日足」「週足」
・通貨ペア
「米ドル／日本円」、「英ポンド／日本円」、「ユーロ／日本円」

使用する通貨ペアは英ポンド／日本円、ユーロ／日本円でトレードすることもありますが、基本的には米ドル／日本円でトレードすることが多いです。アメリカの経済や政治面で不安定なときは英ポンド／日本円やユーロ／日本円でトレードします。

篠原雄一郎さん

篠原さんのチャート画面

ボリンジャーバンドを表示する

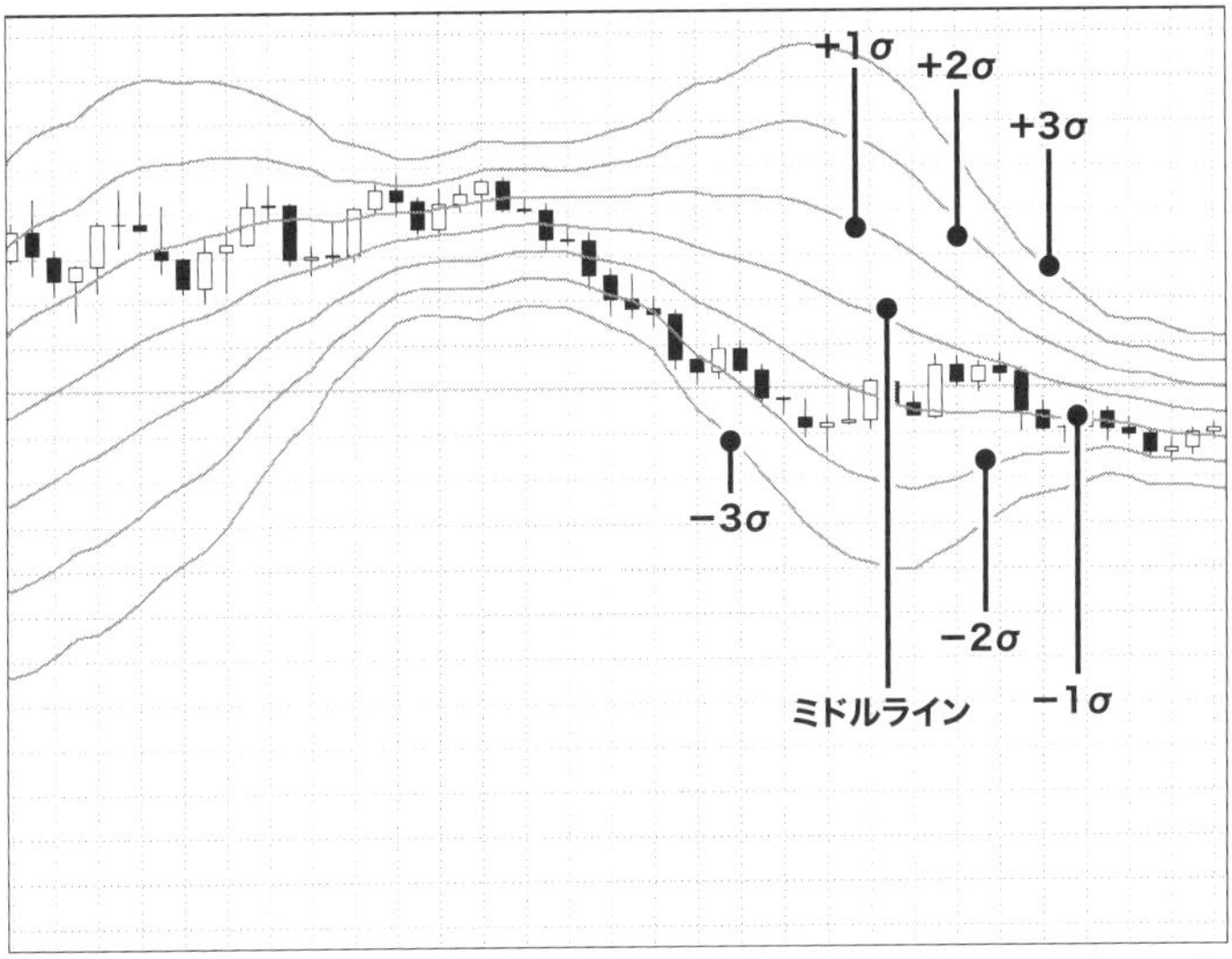

通貨ペアは米ドル／日本円、英ポンド／日本円、ユーロ／日本円。時間足は週足、日足を利用する。

03
エクスパンションを狙ってエントリー

私のエントリーのポイント

ボリンジャーバンドでエクスパンションが発生したら、相場分析の結果をもとにエントリーをします。

エクスパンションが発生したらエントリー

194ページで紹介した相場分析を行ったら、週足や日足チャートに表示したボリンジャーバンドでエクスパンションが発生しているかを確認します。

エクスパンションが発生していたら、ローソク足の動きを確認します。エクスパンションが発生しているときに直近の高値や安値を更新しながらローソク足がトレンド方向に動いたらエントリーします。

たとえば、相場分析で上昇トレンドと判断した中、高値を更新しているときにエクスパンションが発生したら買いエントリー、下降トレンド中に安値を更新しているときにエクスパンションが発生したら売りエントリーです。

意識されている高値・安値を更新した場合はチャンス

高値や安値を更新したときに、その高値や安値が意識されている場合はチャンスです。

たとえば、205ページのチャートはエクスパンション中に安値を更新しており、売りエントリーのサインです。

安値を見ると、そのあたりでローソク足が何度か反発しているため、トレーダーから意識されている安値だとわかります。この安値を更新しているため、強力な下降トレンドになる可能性があると考えられます。この場合は、トレード枚数を増やしてエントリーします。

エクスパンションにあわせてエントリー

売りエントリーの場合

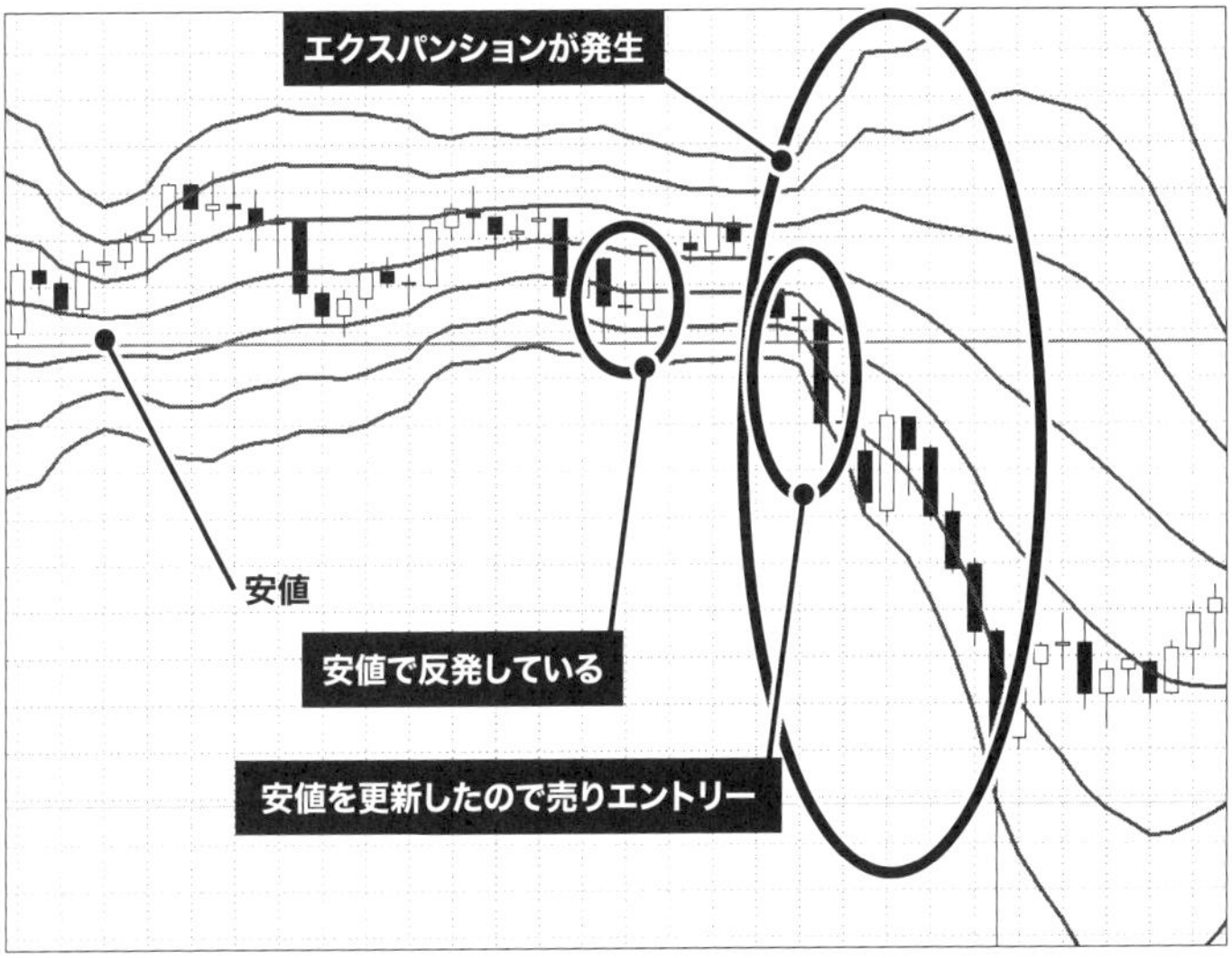

エクスパンション中に安値を更新したので売りエントリーします。

04 高値・安値を更新したらイグジット

私のイグジットのポイント

高値や安値の更新でイグジットします。売りエントリーの場合は安値更新で一部イグジット、高値更新で全イグジット、買いエントリーの場合は高値更新で一部イグジット、安値更新で全イグジットします。

高値や安値更新でイグジット

イグジットの判断は高値・安値によるものとボリンジャーバンドによるものの2つあります。

まずは、高値・安値による判断から解説していきましょう。判断基準は難しいものではなく、高値や安値を更新したらイグジットします。

たとえば、売りエントリーをした場合、安値を更新したら保有ポジションの2～3割をイグジットします。一部のみをイグジットするのは、安値を更新した場合は、さらに下降トレンドが続く可能性もあるので、利益を伸ばすために8～7割のポジションを残しています。

逆に高値を更新した場合はトレンドが変わる可能性を考え全ポジションをイグジットします。このとき注意することは、高値は下降トレンドの戻りにラインを引いていくことです。エントリー直後は過去の高値を更新したら全ポジションをイグジットしますが、その後ローソク足が推移して、戻りを作ったらその価格を高値としてラインを引きます。つまり、下降トレンドによって切り下がっていく高値を更新したら全ポジションをイグジットするということです。

買いエントリーの場合は、高値を更新したら保有ポジションの2〜3割をイグジットし、安値を更新したら全ポジションをイグジットします。

たとえば、２０９ページチャートの場合は、安値を更新するたびに2〜3割イグジットし、高値を更新したタイミングで全ポジションをイグジットします。こうすることで利益を確保しつつ、大きな利益を狙うことができます。

過去の高値や安値でイグジット

売りエントリーの場合

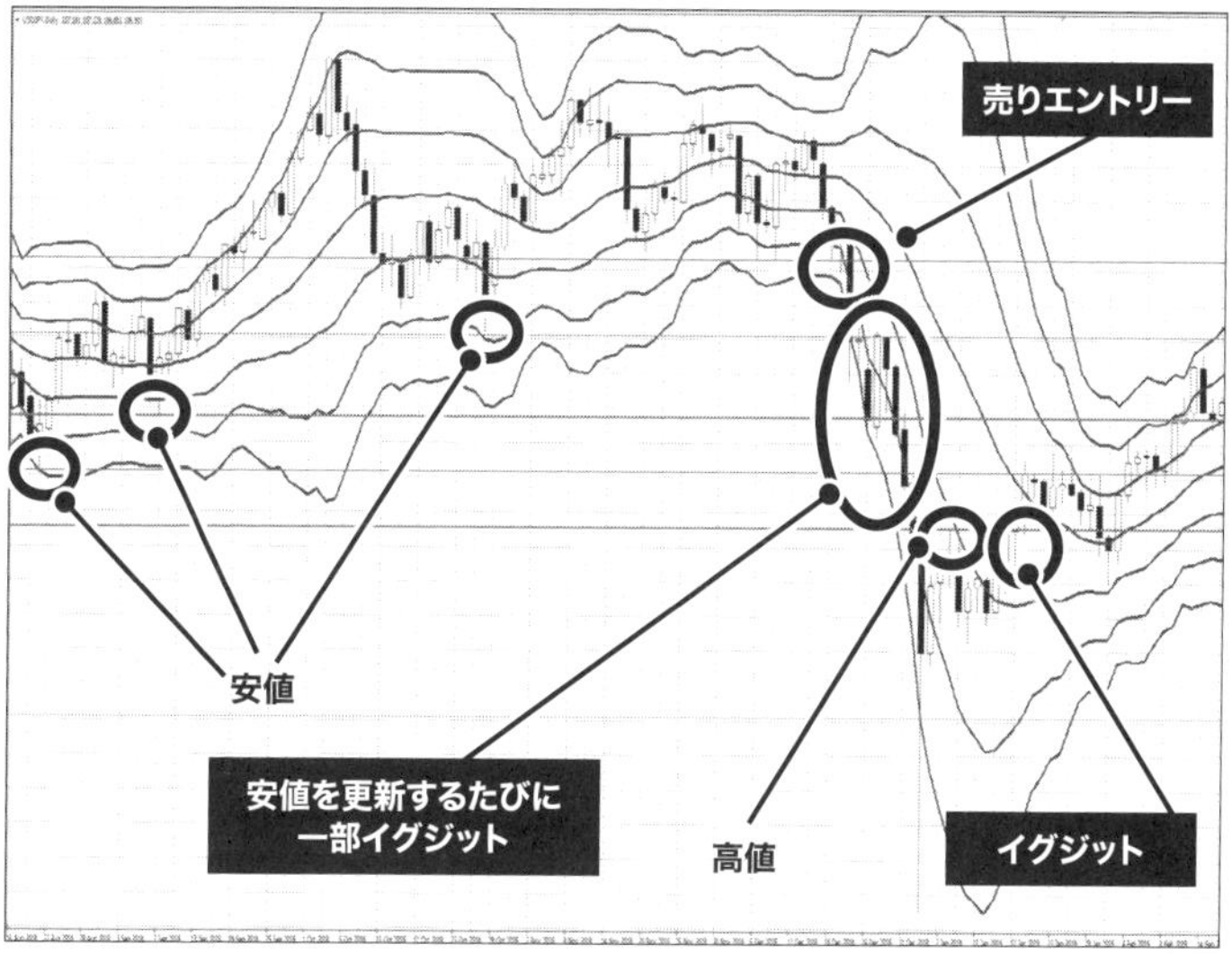

売りエントリーをした場合、過去の安値を更新するたびに一部ポジションをイグジットします。直近高値を更新した場合は全ポジションをイグジットします。

05

スクイーズが発生したらイグジット

私のイグジットのポイント

スクイーズが発生したら、全ポジションをイグジットします。基本的にσラインが収縮したタイミングでローソク足の動きが鈍くなったり、逆方向に動いたらスクイーズ発生と判断します。

ローソク足の動きにも注目

ボリンジャーバンドによるイグジットはスクイーズが発生したタイミングで行います。スクイーズが発生したかどうかの判断はσラインの動きとローソク足の動きから判断します。

σラインが収縮し始めたところで、ローソク足の動きが鈍くなったり、エントリーとは逆方向に動いたらスクイーズが発生したと判断してイグジットします。

σラインが収縮してもローソク足がエントリーした方向に動いている場合は、トレンドが続いている可能性があるので、ローソク足の動きが変わるまで待ちます。

ミドルラインに戻ったらイグジット

ボリンジャーバンドはエクスパンションとスクイーズの繰り返しなので、スクイーズ後は次のエクスパンションが出るまでチェックしておきましょう。

「とくに強力なトレンドのときは、ちょっと大きめの戻りや押し目に反応してスクイーズが発生することがあります。その場合は、すぐにエクスパンションが発生するので、相場分析面でも問題がなければ再エントリーをします」

また、篠原さんのトレード手法は日足や週足を利用しているので、エントリータイミングを見逃すと数か月単位でエントリーできないこともあるので、再エントリーのタイミングも見逃さないようにしています。

過去の高値や安値でイグジット

売りエントリーの場合

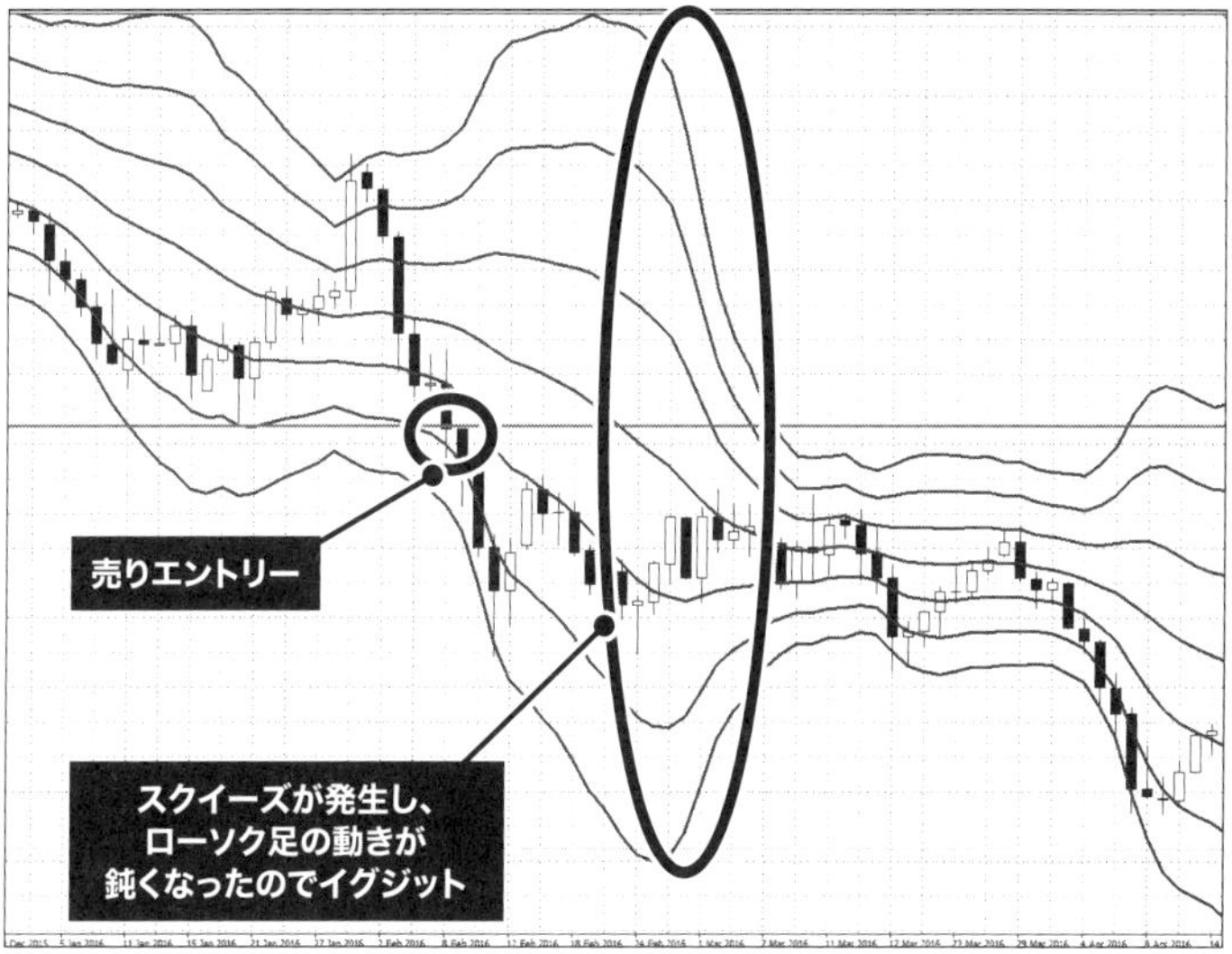
売りエントリー
スクイーズが発生し、
ローソク足の動きが
鈍くなったのでイグジット

σラインが収縮し、ローソク足の動きが鈍くなったらイグジットする。

イグジット直後に
再エントリーする
可能性もあります

第4章

シチュエーション別パターン分析

相場分析を重視して稼ぐ人はどのように状況を判断しているのか？
さまざまな要因で相場が大きく動いた10パターンのシチュエーションで
どのようなトレードをしたのか解説しよう。

01

コロナウィルスの影響で激しく円高と円安に

２０２０年は世界的な新型コロナウィルスの感染拡大により、相場は大きく変化しました。２月中盤から３月前半にかけて大きく円高に向かい、その後は３月後半までは円安に動きました。

また、３月ごろから会社に出社せず自宅で仕事を行うテレワークなどの在宅勤務のかたわら、日中にトレードを行う人が多くなったことも影響して、ＦＸの取引金額が過去最大の１０１５兆円に達し、ボラティリティの高い相場になりました。

２０２０年７月現在でもコロナウィルスは完全に落ち着いていないものの、４月以降の為替相場は落ち着きのある動きをみせ始めました。

2020年2月〜3月

米ドル/日本円の日足チャート

新型コロナウィルスの影響で大きく相場が動いた

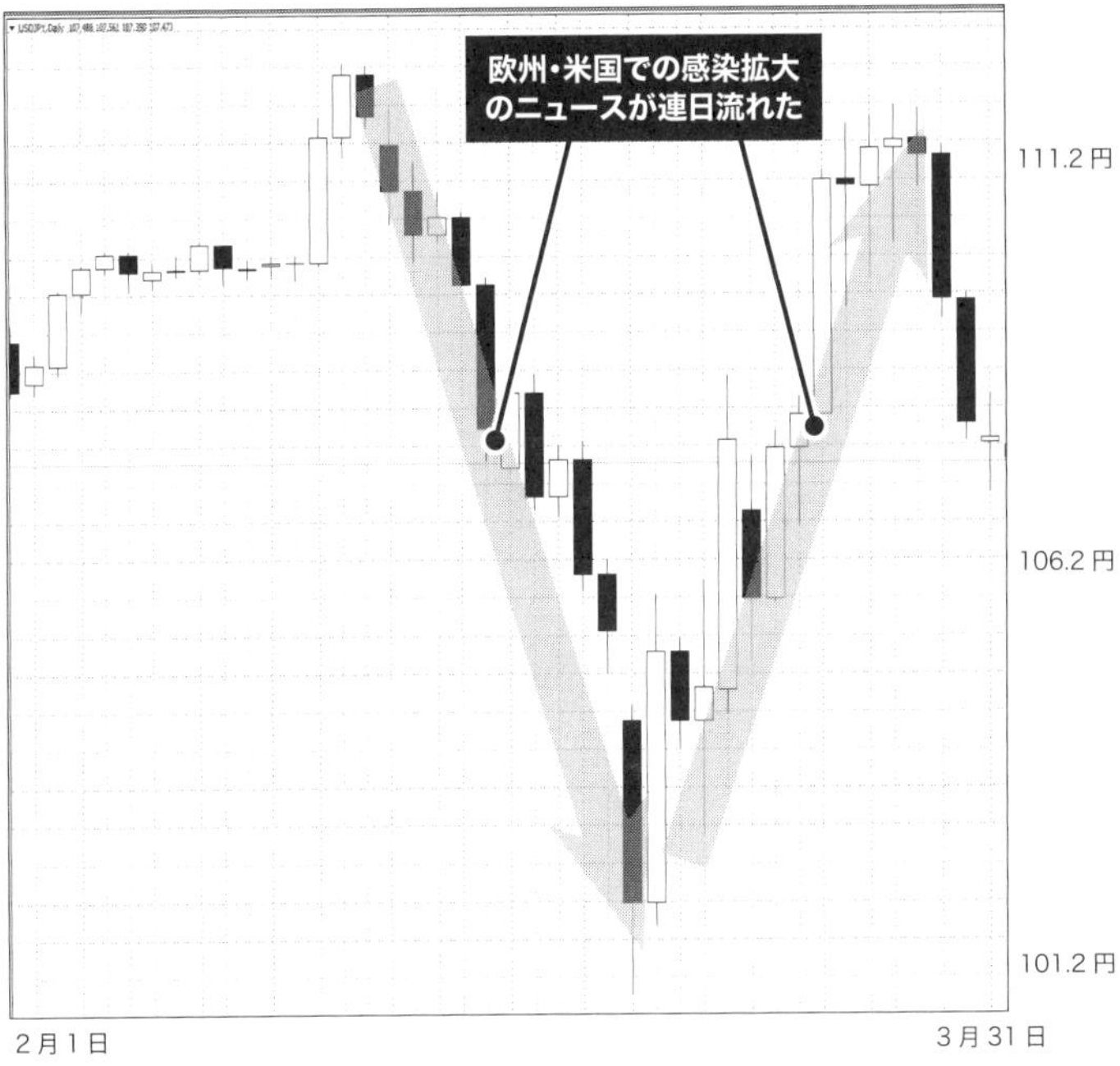

▶ 欧州・米国での感染拡大で相場が激しく上下した

▶ 2020年3月のFX取引金額は過去最大の1015兆円を更新した

山口猛さんの考え方

1. エクスパンション発生中にローソク足が高値を更新したので買いエントリー
2. 高値更新で半分イグジット
3. 安値更新で残りをイグジット

2月後半～3月末にかけては相場が荒れ、相場分析がうまくできず、トレードしませんでした。相場が落ち着いた4月ごろからチャートを見始め、6月にエントリーをしましたが、思ったより相場が上昇せず、結果的にはほぼ収支ゼロで終わりました。

まとめ

相場が落ち着くまで待ったが、あまりうまくトレードはできなかった。

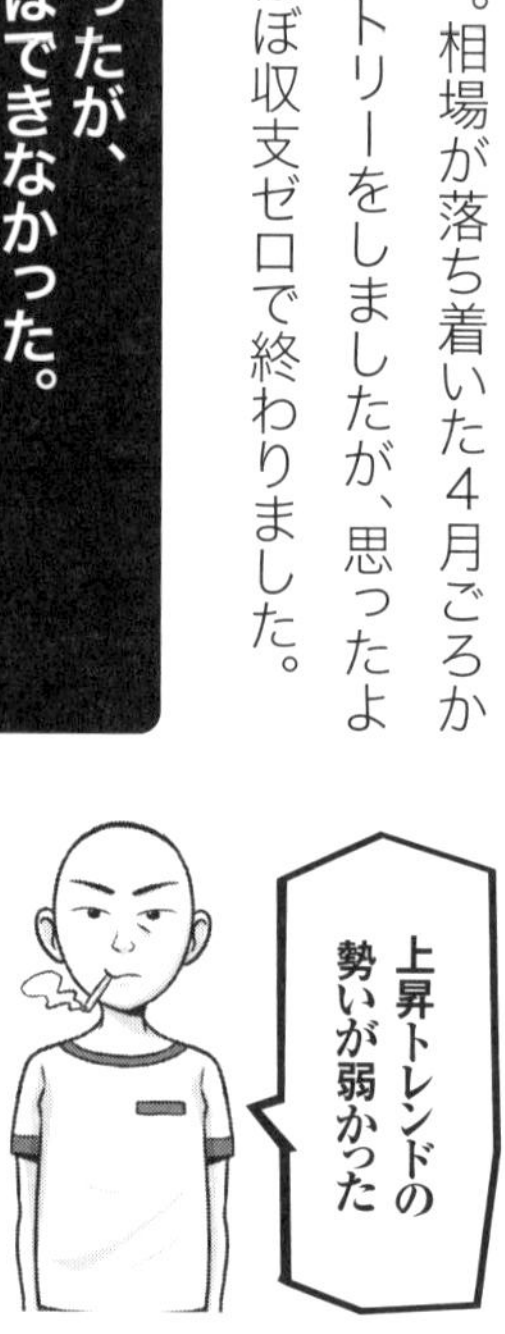

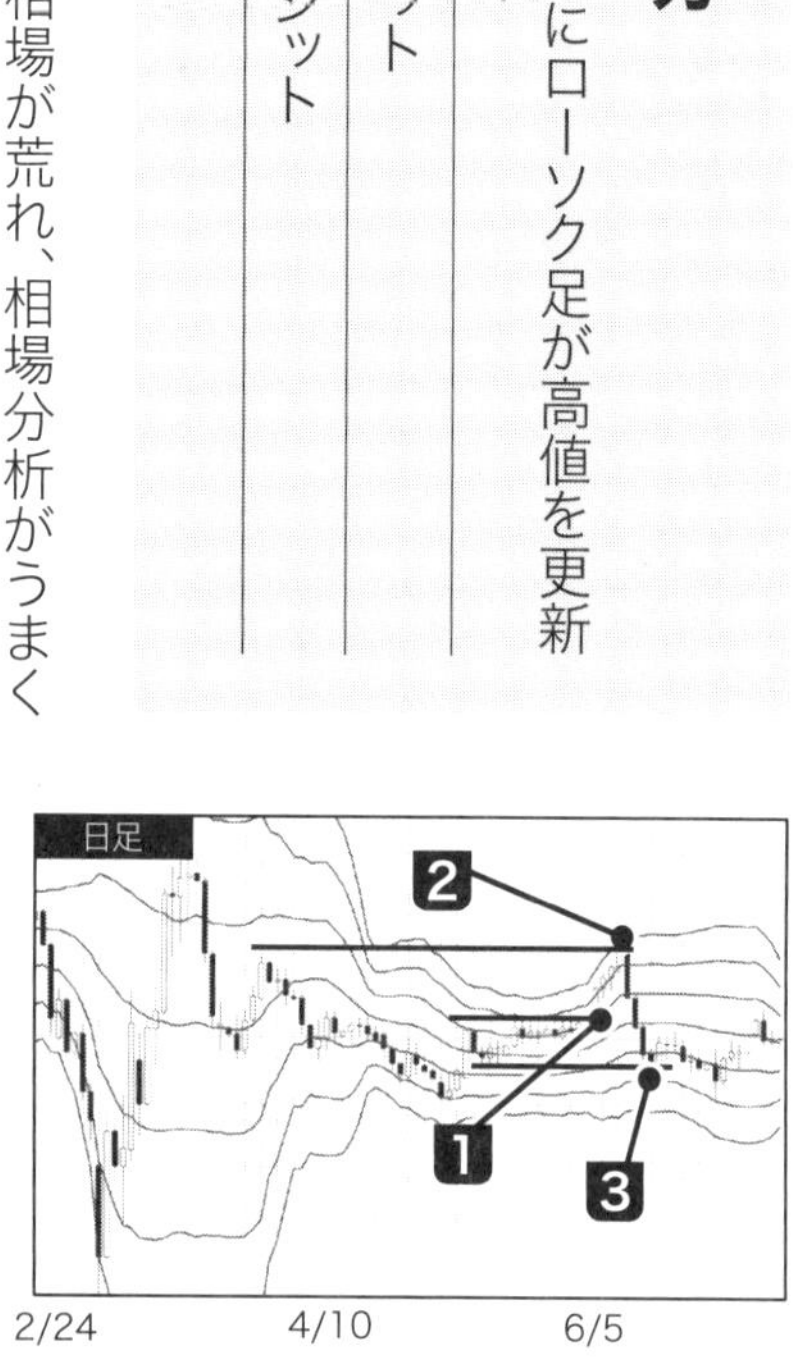

阿部圭太さんの考え方

1 ローソク足が雲を下に抜けたので売りエントリー
2 日足の直近安値で半分イグジット
3 ローソク足が雲の中に戻ったのでイグジット

相場が荒れているときは相場分析の結果の信頼性が落ちるのでトレードせず、4月後半ごろからトレードを再開しました。ローソク足が雲を下抜けたタイミングで売りエントリーを行いました。日足ベースの直近安値で半分イグジットして以降はもみ合ったまま雲の中に入りすべてイグジットしました。

まとめ

相場が落ち着いたタイミングを見計らってトレードすることができた。

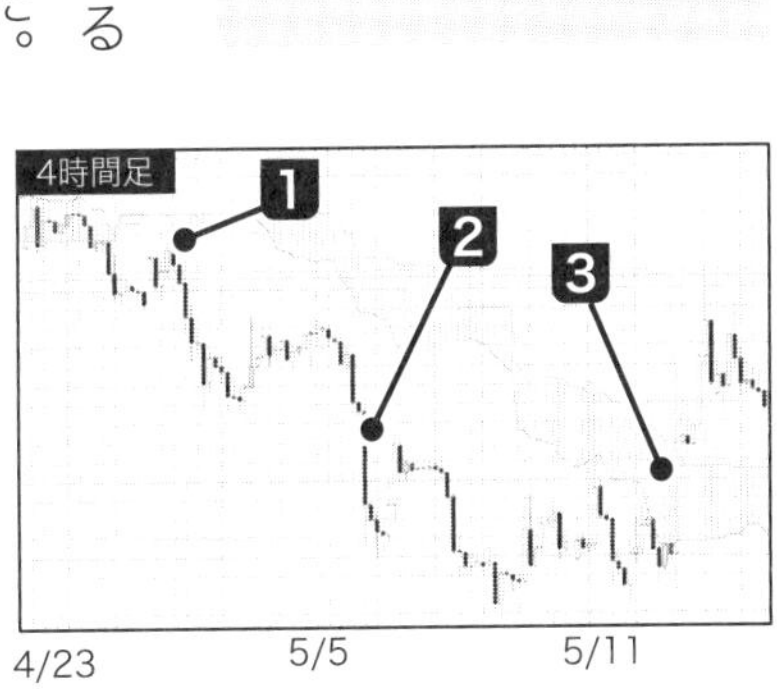

イランの報復攻撃によりドル安円高相場に

02 イランショック前後の円高と円安

2020年1月3日にイラン革命防衛隊のソレイマニ司令官がトランプ大統領の命令で殺害されました。その報復として1月8日にイランが米軍駐留基地を攻撃したことによって米ドル/日本円はわずか4時間ほどで108円台から107円台まで下落する「イランショック」が発生しました。

その後、「イランショック」が和らぎ、徐々に円安方向に動きを変え、米中が通商協議の第1段階で合意すると17日には110円台にまで上昇しました。

しかし、中国で発生した新型コロナウイルスへの感染が世界に広がり始めたため、110円を高値として再び円高・ドル安へと押し戻されていきました。

2020年1月

米ドル/日本円の4時間足チャート

イランショック後に上昇トレンドに

- 米軍によるイラン司令官の殺害
- イラン司令官殺害の報復のためにイラン軍が米軍駐留基地を攻撃

浅野春日さんの考え方

❶ ゴールデンクロスで買いエントリー

❷ 移動平均線をブレイクしたのでイグジット

2019年の9月ごろから日足ベースで上昇トレンドが続いていたので買いエントリーを狙っていました。

1月10日に4時間足でゴールデンクロスが発生したので買いエントリーしました。その後、順調に上昇トレンドが続き、1月21日にローソク足が移動平均線をブレイクしたので、イグジットしました。

まとめ

綺麗にゴールデンクロスが出たため、トレードしやすい相場だった。

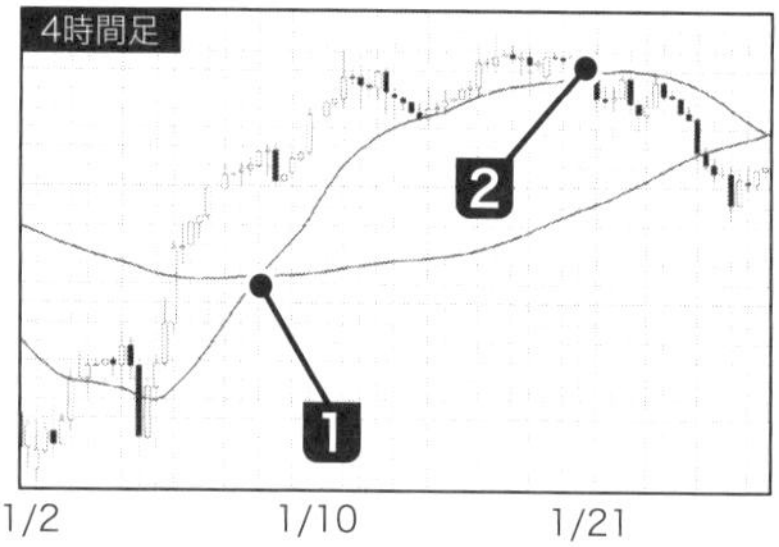

篠原雄一郎さんの考え方

1 すでに買いポジションを持っている状態だった

2 イランショックの影響で下落したタイミングで、安値を更新したのでイグジット

2019年9月ごろに日足チャートでサインが出ていたので、買いポジションを保有している状況でした。何度か高値を更新したタイミングで一部イグジットを行っており、どのタイミングで全ポジションをイグジットするかという局面で、イランショックの影響で下落し、安値を更新したので、全ポジションをイグジットしました。

まとめ

全ポジションイグジットするのを考えている中での、イグジットタイミングとなった。

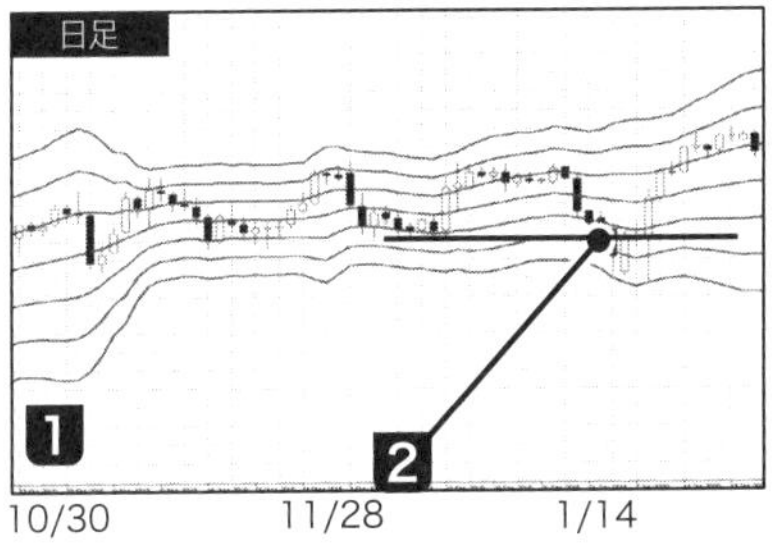

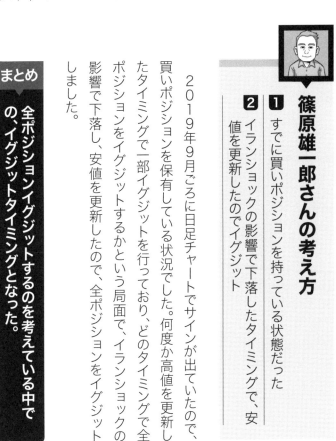

03

米中関係改善による
ドル高・円安相場

2019年11月1日に米国と中国は通商問題を巡る電話協議で進展が得られたことを明らかにし、トランプ大統領は米国内で中国の習近平国家主席と合意に署名したいとの考えを表明しました。また、中国商務省でも電話協議の結果、原則で一致したと発表しました。

これをうけて、それまで米中の関係悪化を懸念してリスク回避のためにドル安・円高に動いていた相場は、リスクオンになりドル高円安トレンドに転換しました。

また、11月1日に発表された米雇用統計が良好な結果だったことも相場に影響を与え、11月中旬ごろまで上昇トレンドが続きました。

2019年11月

米ドル/日本円の1時間足チャート

米中の関係改善により上昇トレンドに

▶ 米中の通商問題をめぐる問題が改善

▶ 米雇用統計が良好な結果

岡崎弘子さんの考え方

1 トレンドがはっきりしないのでトレードしなかった

日足チャートでは上昇トレンド中に10月31日に大きく下落したことで安値を更新したので、下降トレンドの可能性が高まっていました。しかし、一時的な下落の可能性もあるため、トレードはせずに様子見の相場と考えました。その後、日足で11月7日に高値を更新し、上昇トレンド継続の可能性が高くなりましたが、ボリンジャーバンドではエクスパンションが発生していなかったのでエントリーは見送りました。

まとめ

安値更新で下降トレンドへの可能性があったため、トレードしなかった。

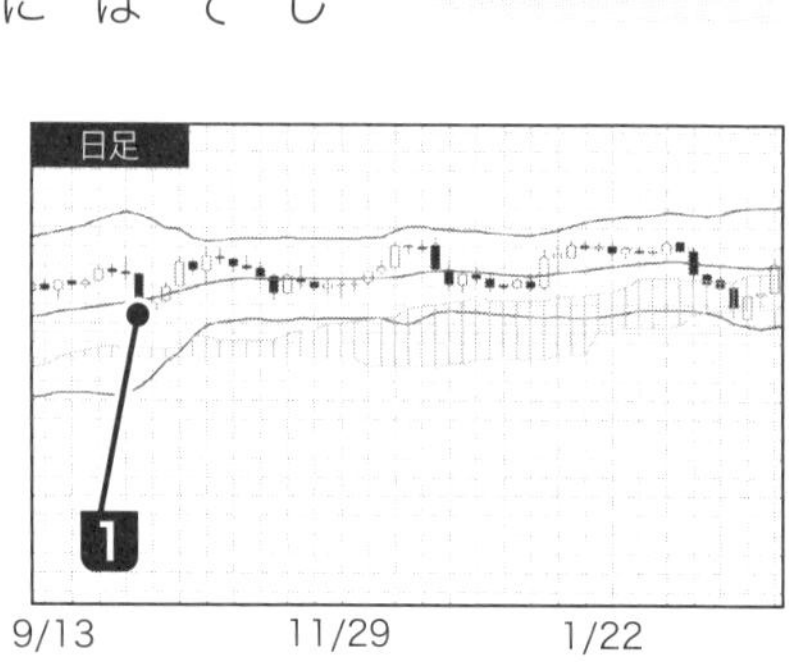

山口猛さんの考え方

❶ 相場がもみ合っていた

❷ 安値を更新したのでトレード見送り

日足チャートでは全体的に上昇トレンドだったので買いエントリーを狙いたかったのですが、10月31日に日足チャートで安値更新したことがネックとなっていました。また、10月16日から10月30日にかけて日足がもみ合っていたので、そのまま強力な下降トレンドになる可能性もあったので、トレードは見送ることにしました。

まとめ

下降トレンドの可能性を考慮して、トレードは見送り。

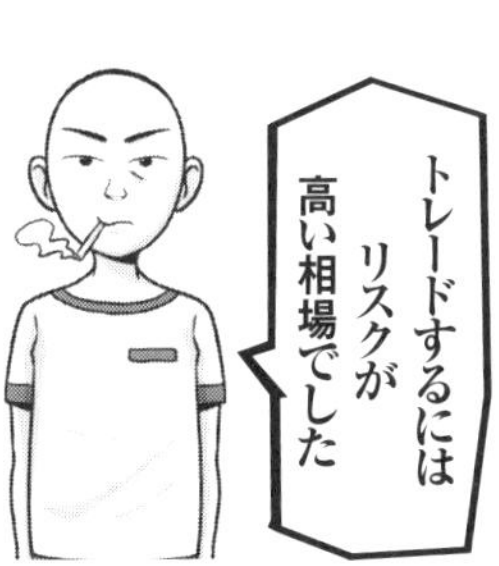

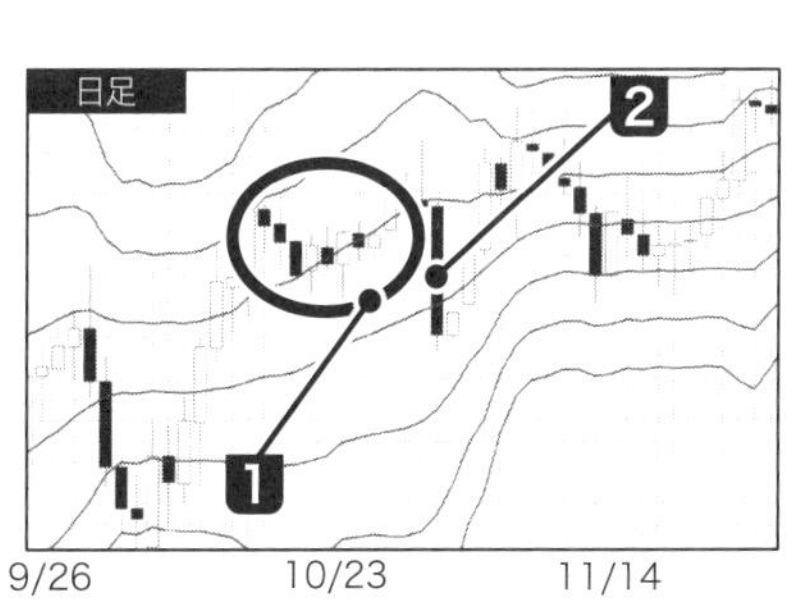

04

米中貿易戦争の激化懸念による円高

2019年8月1日、米トランプ大統領がツイッターで9月1日から中国からの輸入品3000億ドル分を対象とした追加関税を発動すると表明しました。それに対し、中国もすぐに必要な対抗措置を取ると表明したことから米中貿易戦争の激化が懸念され、リスク回避の動きが強まり、円高・ドル安へと動きました。

8月1日には、108円76銭から107円31銭まで下落し、その後の8月12日には105円5銭にまで下落しました。

また、日本以外の主要国では利下げの実施、または利下げの実施が予想されていたことも円高の勢いに拍車をかけていました。

2019年7月〜8月

米ドル/日本円の日足チャート

米中貿易戦争の激化懸念により円高に

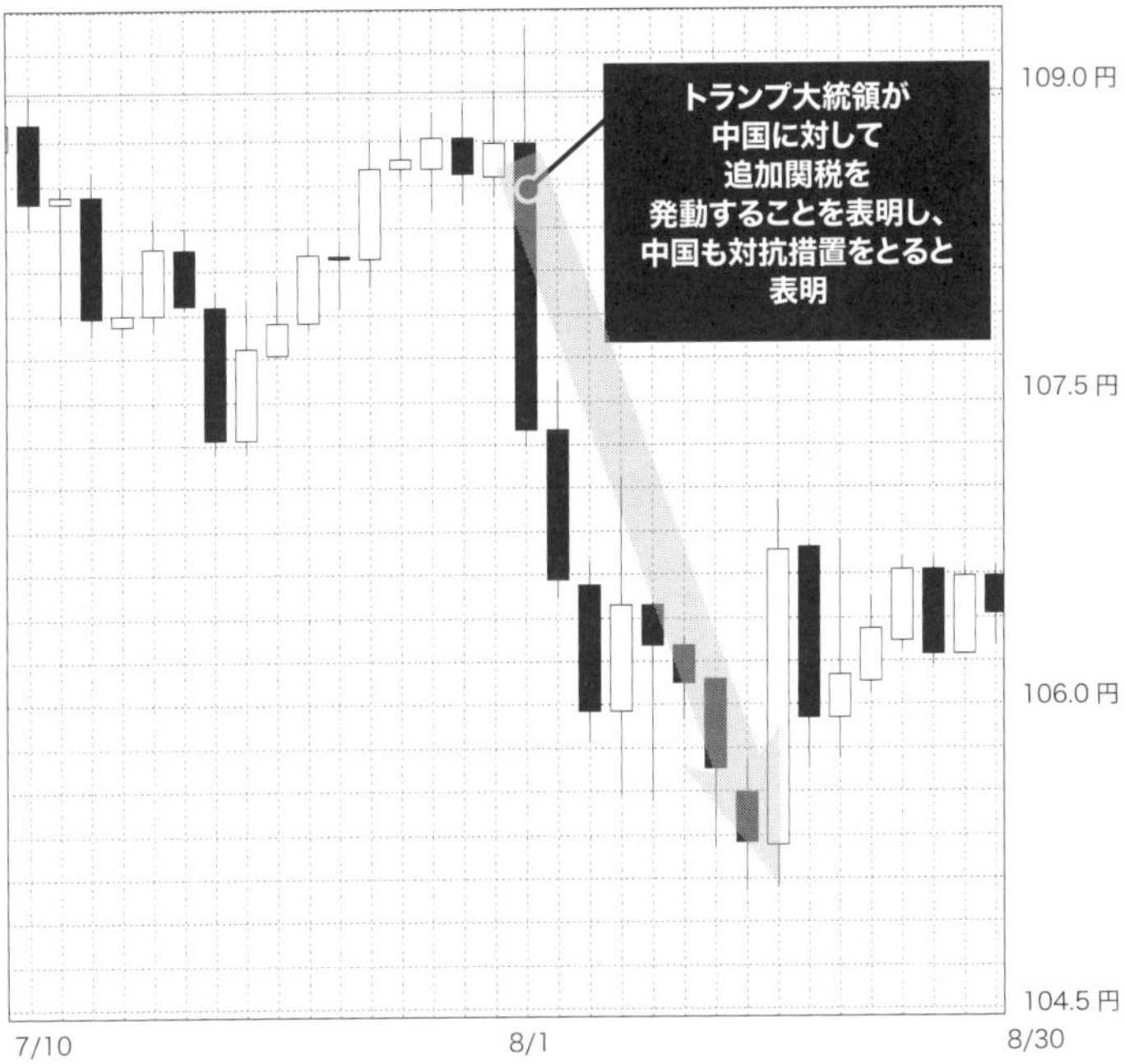
トランプ大統領が
中国に対して
追加関税を
発動することを表明し、
中国も対抗措置をとると
表明
109.0 円
107.5 円
106.0 円
104.5 円
7/10
8/1
8/30

- トランプ大統領が中国への追加関税発動を表明
- 中国も対抗措置をとると表明
- 日本以外の国の利下げも影響

岡崎弘子さんの考え方

1 エクスパンションが発生し、ローソク足が雲の下にあったので売りエントリー

2 過去の安値を更新したので一部イグジット

1 スクイーズが発生したので一部イグジット

1 高値を更新したので全イグジット

週足で下落を示している中で、日足でエクスパンションが発生したので、売りエントリーをしました。

過去の安値を更新したタイミングやスクイーズで一部利食いしながら、高値を更新したので全イグジットしました。

まとめ

綺麗なエクスパンションとスクイーズで、利益の獲得に成功した。

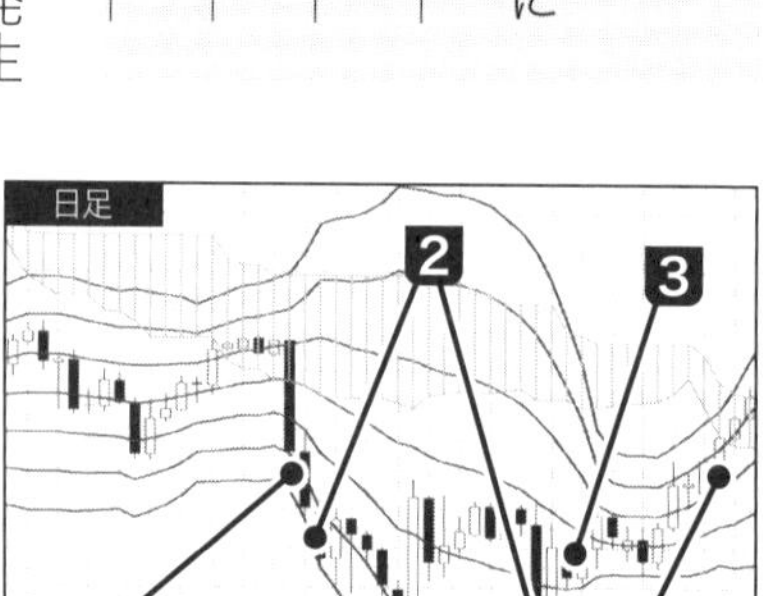

阿部圭太さんの考え方

1 ローソク足が雲を下に抜けたので売りエントリー
2 日足の直近安値で半分イグジット
3 直近高値を更新したので全イグジット

全体的に下降トレンドだったものの、週足や日足では少しもみ合いの動きが見えたので、念のため枚数を減らしてトレードしました。

結果的には直近安値でイグジットを行うこともでき、順調に下落して大きな利益を獲得することができました。

まとめ

やや不安はあったものの、結果的には大きな利益を得ることに成功。

エントリーするときはやや不安がありました

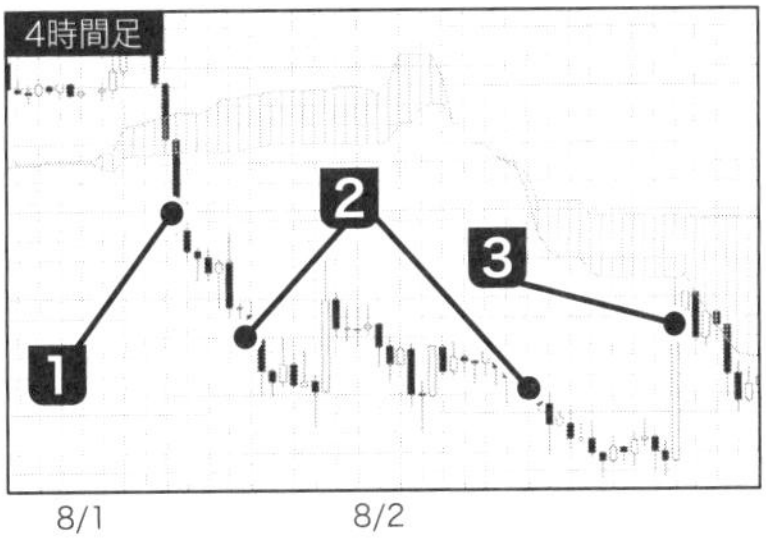
4時間足
1
2
3
8/1
8/2

05

米中関係悪化と米国の利下げ懸念による円高

２０１９年に入ってから順調だった米中関係ですが、５月に米中閣僚級協議が突如決裂し、関係は悪化、市場参加者にも大きな影響を与えました。

また、米国は経済指標も悪い結果が散見し、景気の悪化が懸念され始めました。さらに6月のＦＯＭＣ（米国連邦公開市場委員会）では17人中７名が年内2回の利下げを見込んだことで、パウエル議長も「利下げする根拠が強まった」と発言し、利下げの可能性が高まりました。

ドル高・円安の材料は十分にそろっていたこともあり、４月末ごろから6月末にかけて強力な円高トレンドになりました。

2019年4月末〜7月

米ドル/日本円の日足チャート

米中の関係悪化や米国の景気悪化、利上げ懸念による円高

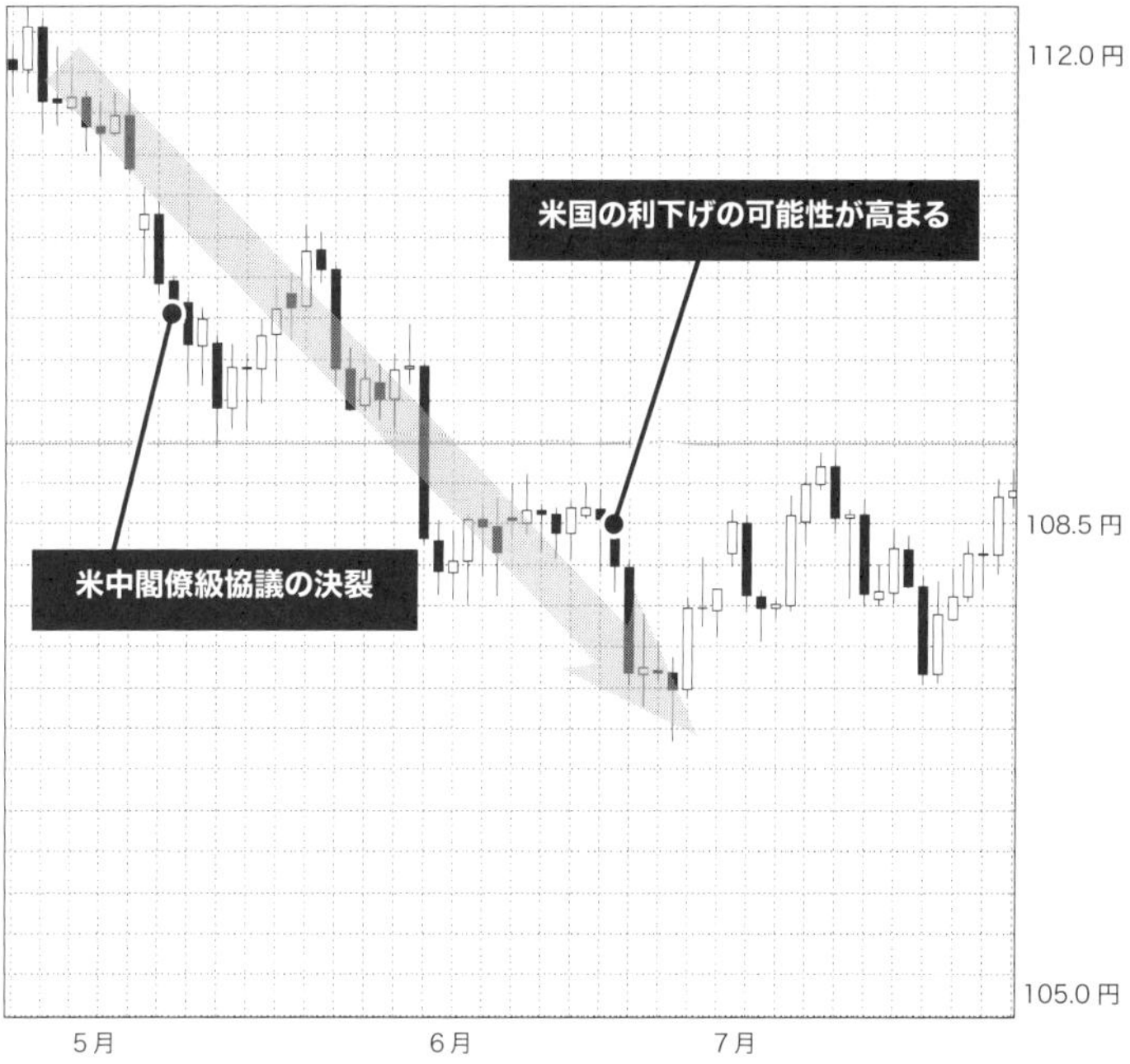

- 米中閣僚級協議の決裂
- 米国の景気悪化の懸念
- 米国の利上げ可能性の高まり

浅野春日さんの考え方

1 デッドクロスで売りエントリー

2 戻りで移動平均線をブレイクしたのでイグジット後、再エントリー

2 ローソク足が移動平均線をブレイクしたのでイグジット

強力な下降トレンドでしたが、トレードしにくい相場状況でした。相場分析の結果、下降トレンドが始まったタイミングでデッドクロスが発生しましたが、その後、移動平均線に絡む動きをし、安値更新もなかったのでイグジットしました。

まとめ

リスクが高いと判断して、わずかな利益を確保してトレード終了した。

トレードを続けるにはリスクが高いと判断しました

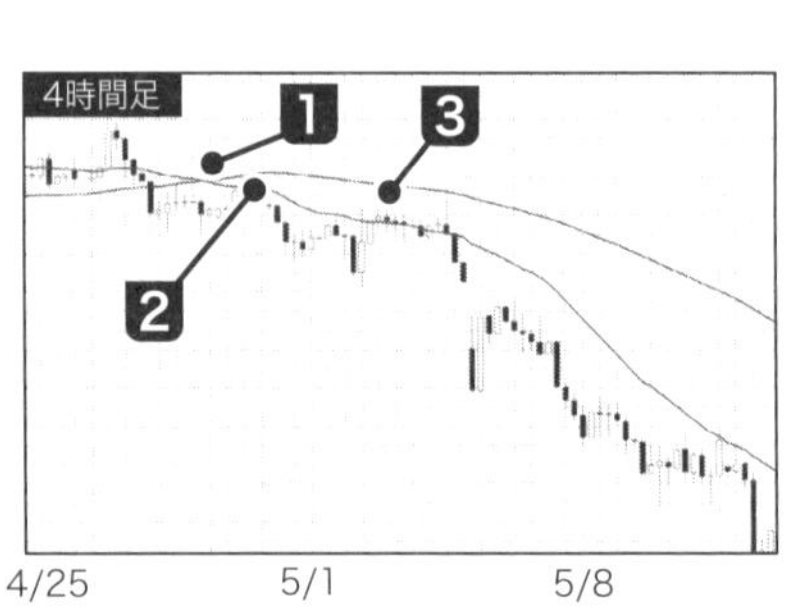
4時間足
1
2
3
4/25
5/1
5/8

篠原雄一郎さんの考え方

1 エクスパンションが発生したので売りエントリー

2 安値を更新したので一部イグジット

3 ローソク足の動きが鈍り、スクイーズが発生したのでイグジット

安値を更新し、下降トレンドへの転換が確認できたタイミングでエクスパンションが発生したので売りエントリーをしました。週足でも安値を更新していたので、結果的に下降トレンドの初動をとらえる形になりました。その後、安値の更新で一部イグジット、スクイーズが発生したタイミングで利食いしました。

まとめ

トレンドの初動をとらえ、理想的なトレードをすることができた。

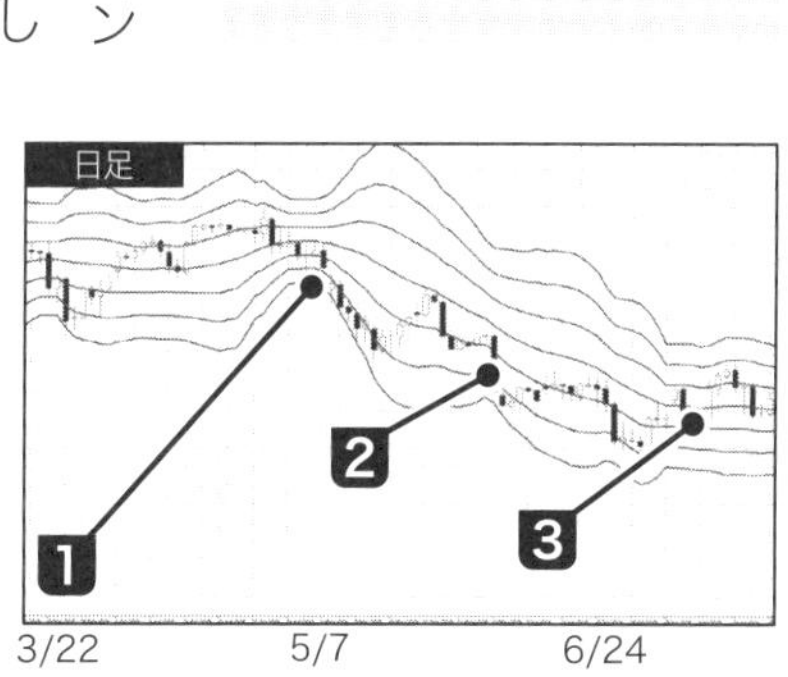

06

米政策金利の据え置きによる円高

2019年3月19、20日に開催されたFOMCで、政策金利の誘導レンジが2・25～2・5%の据え置きが決まりました。

市場では、年内に1回は利上げすることを予想していました。しかし、FOMCの参加委員17名のうち11名が2019年中の政策金利の据え置きの見通し、利上げ1回の予測が4名、利上げ2回の予測は2名にとどまり、利上げが必要との意見が少数派でした。

これにより、市場は失望感からドル売りが加速し、急激に円高・ドル安トレンドに進みました。

2019年3月19日～3月25日

米ドル/日本円の1時間足チャート

米政策金利据え置きによる失望売り

- 米政策金利が据え置き
- FOMC参加委員のなかで利上げを必要とする意見が少数派

山口猛さんの考え方

❶ 高値更新

❷ 売りサインがでたが、高値更新を理由にエントリー見送り

ＦＯＭＣの米金利据え置きの発表後、失望売りによって下落しましたが、直近高値を更新していたため、長期的なトレンドがはっきりしないと判断してエントリーは見送りました。

結果論ですが、仮にトレードしていても利益は得られた相場でしたが、その後に再び大きく上昇しているので、分析自体は間違っていなかったと思います。

まとめ

売りサインが出たものの、直前で高値更新していたので見送り。

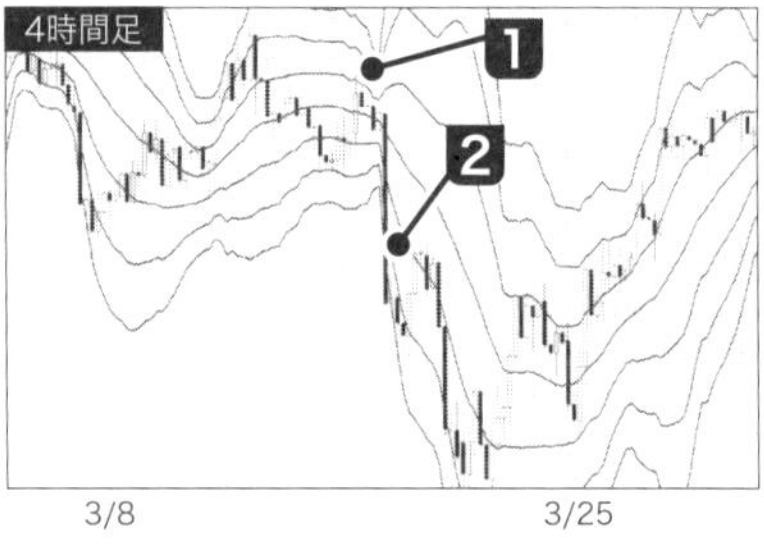
4時間足
1
2
3/8
3/25

高値更新していたので
相場の方向は
はっきりしていなかった

阿部圭太さんの考え方

1 雲をブレイクしたので売りエントリー

2 大きく下落したので、リバウンドを警戒してイグジット

日足ベースでは、下降トレンド中にＦＯＭＣの米金利据え置きの発表でさらに大きく下落し、雲を突破しました。

売りエントリー後、通常であれば、安値更新やローソク足が雲に戻るまで利食いは待つのですが、下落幅が大きすぎたため、リバウンドを警戒して、利食いサインが出る前にイグジットして、トレードを終了しました。

まとめ

リバウンド警戒で早めに利食いをした。

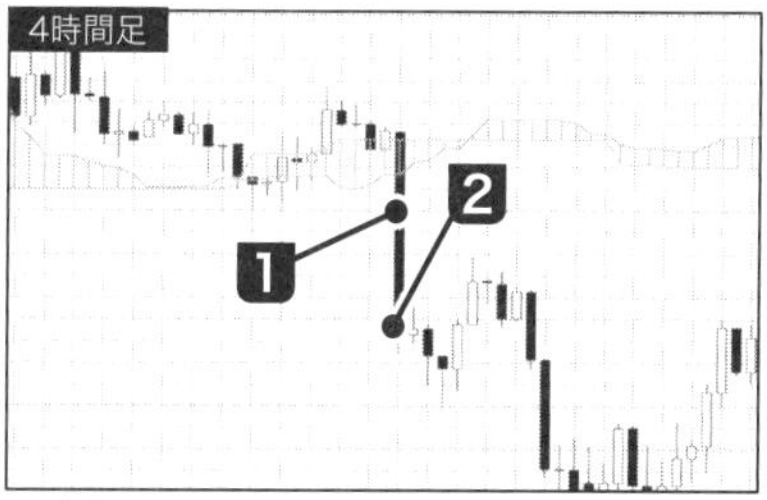

07

米国の対中関税引き上げ延期でドル高相場に

貿易摩擦をめぐって関係が悪化していた米国と中国は、2019年2月下旬に米中通商協議を行い、米国の対中関税引き上げを延期しました。トランプ大統領が「大きく進展した」と発言したことで、米中の関係改善の期待感からリスクオフの状況になり、ドル高圧力が高まったことで、日本円/米ドルは大きく上昇しました。

また2月は世界的に株高になるなか、円を売って株を買う動きが強まっていたことも、円安圧力が強めていました。

2019年2月1日〜3月1日

米ドル/日本円の1時間足チャート

米中関係改善が円安を後押し

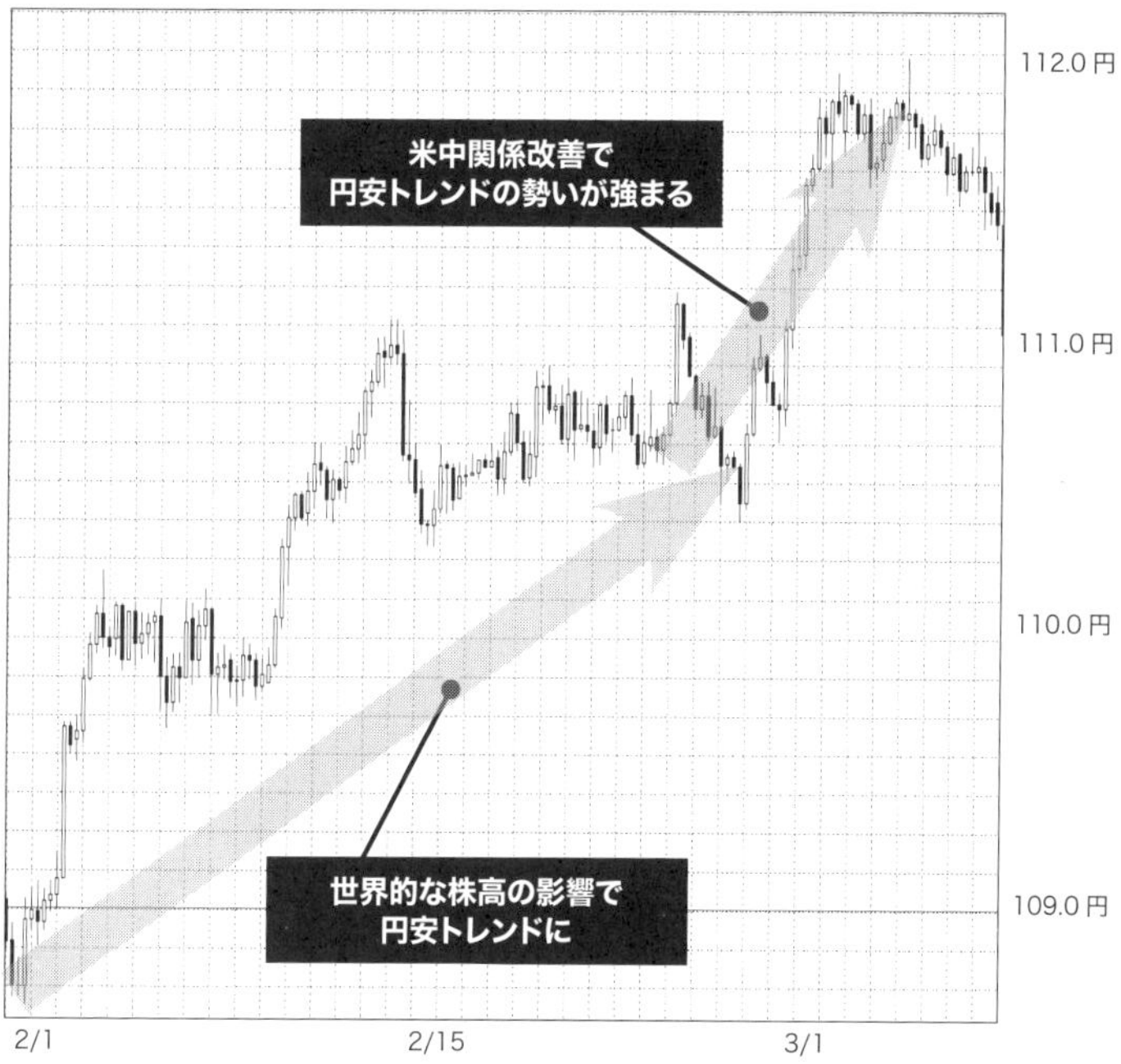

▶ 世界的な円売り・株買いの動き

▶ 米中関係が改善

岡崎弘子さんの考え方

1. エクスパンション発生時にローソク足が雲の上にあったので買いエントリー
2. スクイーズが発生したので利食い

2月中は何度かトレードチャンスがあり、すべてうまくいきました。4時間足では上昇トレンドとレンジ相場の繰り返しだったので、エクスパンションが発生しやすく、相場分析に迷うこともあまりありませんでした。

このようなレンジとトレンドを繰り返すような相場ではエクスパンションが機能しやすいと思います。

まとめ

エクスパンションのタイミングと相場の動きがうまくかみ合い、大きな利益につながった。

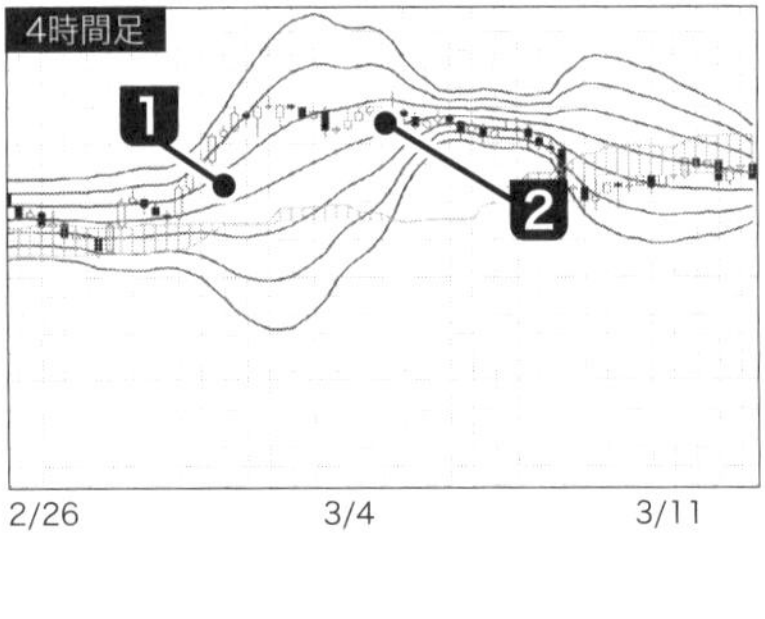

山口猛さんの考え方

1. エクスパンション発生中にローソク足が高値を更新したので買いエントリー
2. 高値更新で半分イグジット
3. 安値更新で残りをイグジット

4時間足でエクスパンション→スクイーズ→エクスパンションが続き、エントリーチャンスが何度もありました。

相場分析の面でも日足チャートで明確に高値を更新し、上昇トレンドと判断できたので、ある意味簡単にトレードできる相場でもありました。

まとめ

手法にマッチした相場で大きな利益を何度も獲得できた。

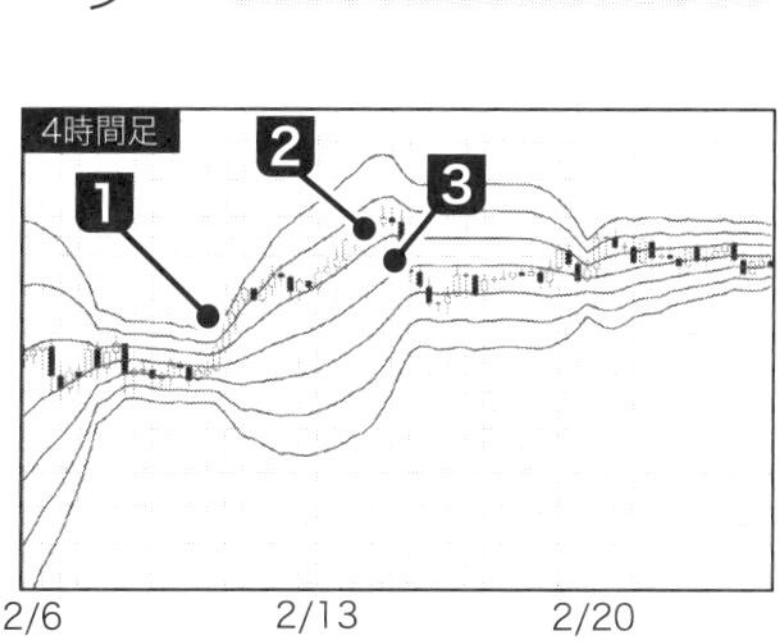

08

アップルショックによって急激な円高に

2019年1月2日、米アップルが10～12月期の売上高見通しを下方修正したことで、アップルショックと言われる円買いが進みました。

1月3日には1ドル＝108円85銭から一時1ドル＝104円97銭にまで急落しました。もともと世界経済の停滞への懸念が高まり、円が買われやすい状況だったところに、米アップルの下方修正によって円が急激に買われたといわれています。

また、この急落は流動性が低いなかでAIが一斉に円買いをしたことで、一般投資家の強制ロスカットが多発し急激に円高になったとの見方もあります。

2019年1月3日〜1月4日

米ドル/日本円の1時間足チャート

アップルショックによる急落

- 米アップルの4半期売上高見通しの下方修正
- AIによる円買い
- 世界経済の停滞

浅野春日さんの考え方

1 異常な値動きだったのでエントリーを控える

2 ゴールデンクロスでエントリー

3 ローソク足が移動平均線をブレイクしたのでイグジット

アップルショックによる急落は明らかに異常な値動きでした。この急落の影響を受けないように、使用する短期移動平均線の参照期間と同じローソク足21本分が経過するまでトレードをしないと決めていました。その後1月17日に高値を更新しているなかで4時間足でゴールデンクロスが発生し、トレードしました。

まとめ

相場の異変が落ち着くまで、トレードを控えた。

岡崎弘子さんの考え方

1 エクスパンションが発生しローソク足が雲の下にあったので売りエントリー
2 過去の安値を更新したので一部イグジット
3 相場に異変を感じてイグジット

12月中旬ごろに4時間足で安値更新している中でエクスパンションが発生したので、売りポジションを保有していました。順調に下落し、一部イグジットしていましたが、1月3日の朝にチャートを見たらすでに急落が発生していて、相場の異変が起こったと思い慌てて利食いをしました。

まとめ

相場が急落に対して、どう動くか予想不可能だったので、すぐにイグジットをした。

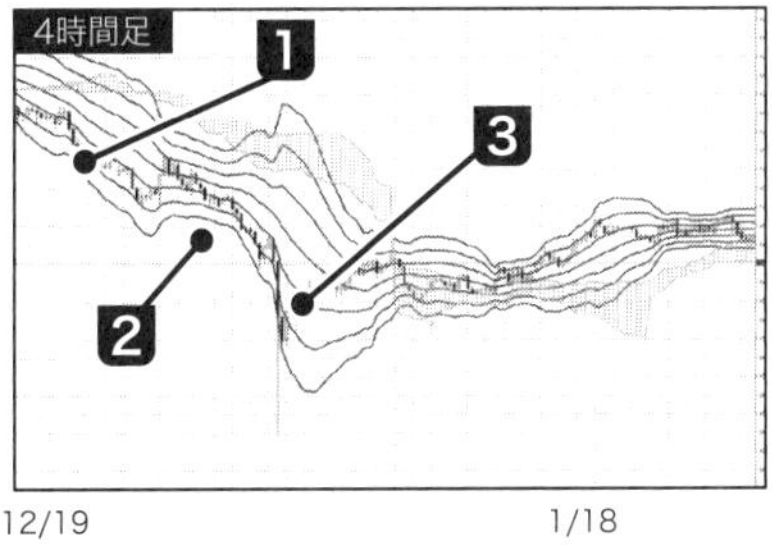

09

世界的な株高による円安相場

２０１８年９月は、米中貿易摩擦への過度の警戒感が後退したことから米国を中心に世界的な株高になりました。その流れを受け、円が売られたことで円安相場になりました。

また、８月のトルコショックに起因した新興国市場の混乱も、その後のトルコ中銀の大幅利上げで同国の金融政策への不信感が低下したことで落ち着きをみせたことや、米国の債券利回りの上昇なども円安を後押ししました。

なお、この時期は対ドルだけではなく、ユーロ、豪ドルといった主要通貨に対しても円安となりました。

2018年9月〜2018年11月

米ドル/日本円の日足チャート

世界的な株高による円安相場

- 米中貿易摩擦への警戒感が薄れたことによる世界的な株高
- 新興国市場の混乱の落ち着き
- 米国の債券利回りの上昇

阿部圭太さんの考え方

1 ローソク足が雲を上に抜けたので買いエントリー

2 日足の直近高値で一部イグジット

3 直近安値を更新したので全イグジット

上昇トレンドが明確になるなかで、4時間足で雲を上に突き抜けたので、買いエントリーしました。その後の直近高値で一部イグジットしつつ、安値更新で全イグジットしました。

この時期は雲をブレイクすることが多く、相場の方向性もわかりやすかったので、トレードしやすい環境でした。

まとめ

トレードしやすい相場状況で、大きな利益を獲得することに成功。

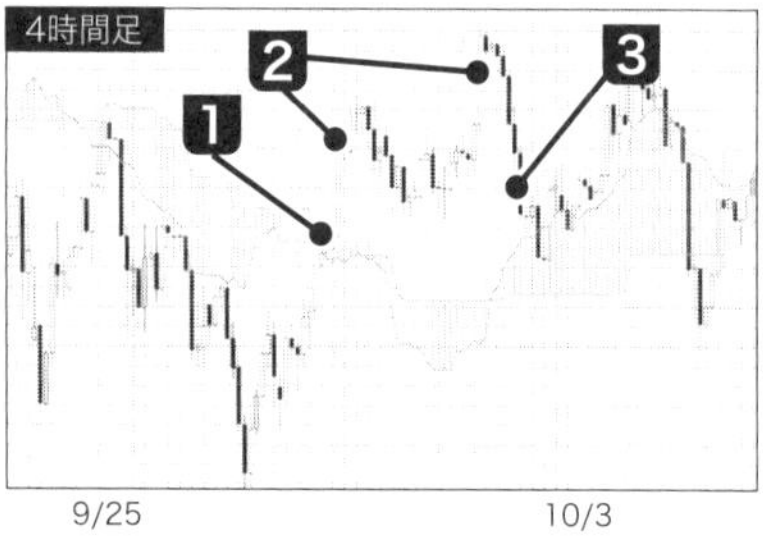

篠原雄一郎さんの考え方

1 エクスパンションが発生し、高値を更新したので買いエントリー

2 安値を更新したのでイグジット

日足で高値を更新したタイミングで4時間足でエクスパンションが発生したので買いエントリーをしました。しかし、エントリー直後に急落し、安値を更新したのでイグジットしました。

相場分析では上昇トレンドでしたので、押し目の可能性がありましたが、念のためイグジットしました。

まとめ

押し目で安値を更新したので、下降トレンドの転換を考慮してイグジットした。

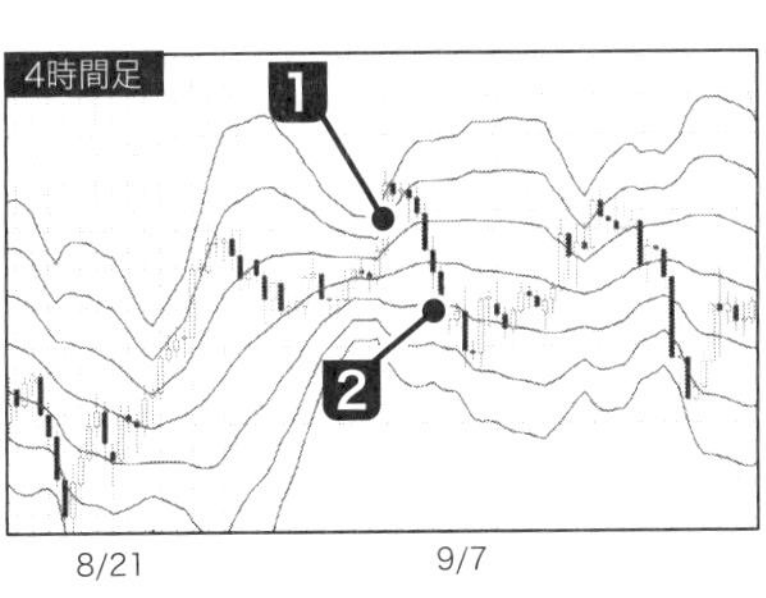

10

米国株急落による円安相場

2018年初は米国株の急落によって、ドル安円高相場になりました。

また、この時期は日銀の超長期国債の買い入れの減額により円高懸念がされ、米トランプ政権の貿易相手国への報復関税や輸入制限の検討などもドル安・円高につながりました。

とくに米トランプ政権による報復関税や輸入制限はのちに米中貿易戦争懸念につながるもので、中国も米国に対して報復措置の計画を発表するなど、ドル売りを後押しする動きがありました。

2018年1月〜3月

米ドル/日本円の日足チャート

ドル安円高が続いた相場

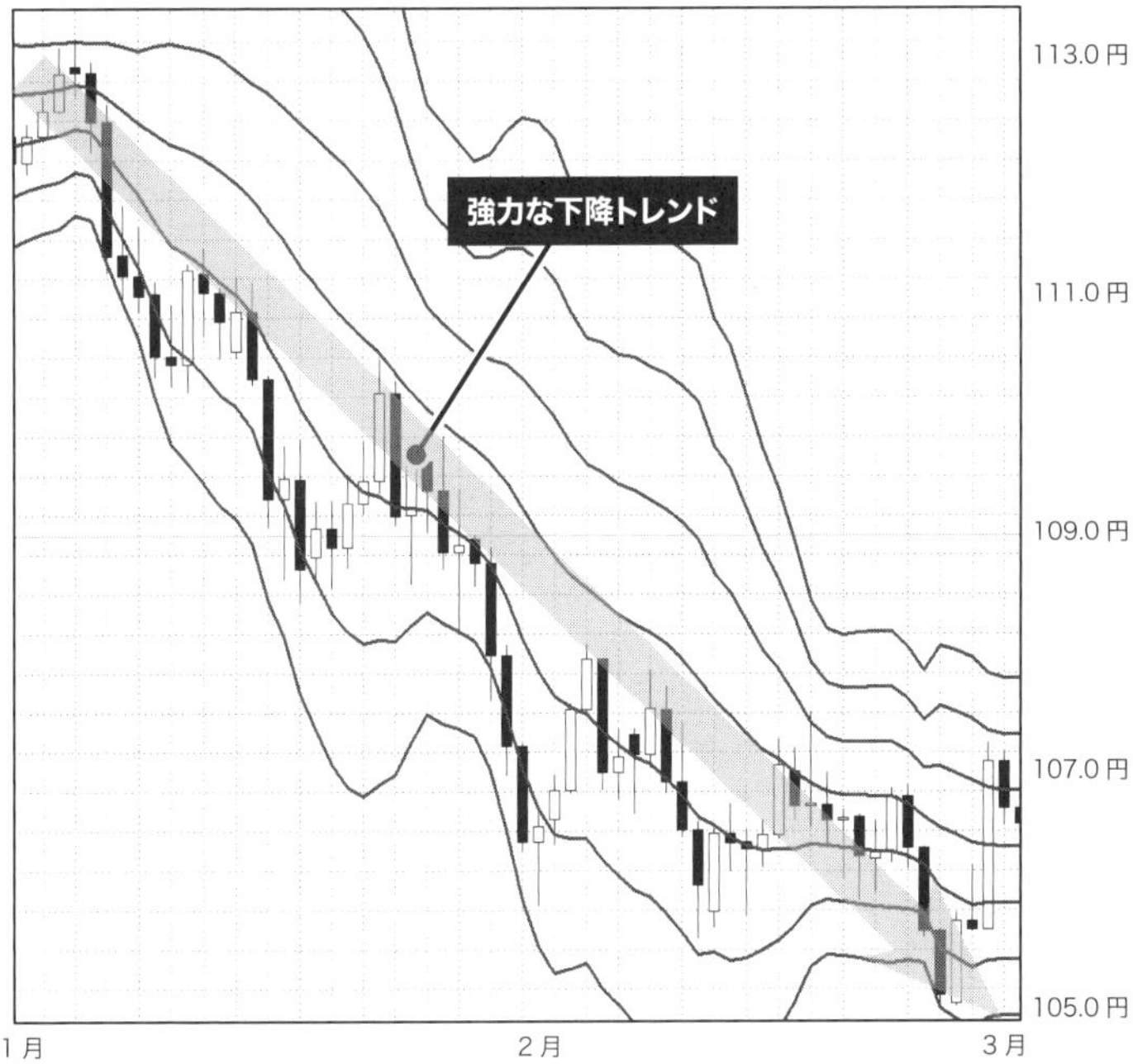

- 米国株の急落
- 日銀の超長期国債買い入れの減額
- 米国の貿易相手国への報復関税や輸入制限の検討

阿部圭太さんの考え方

1. ローソク足が雲を下に抜けたので売りエントリー
2. 直近安値で一部イグジット
3. 直近高値を更新したので全イグジット

雲ブレイクによる売りエントリーをしました。このとき、日足でも安値更新をして、下降の勢いが強かったので、エントリーしやすい相場でした。ここまで一方方向の場合、安値をしっかり更新しながら下落し、少しもみ合ったのちに高値を更新したので、イグジットしています。

まとめ

初動がわかりやすかったため利益が取れる相場だった。

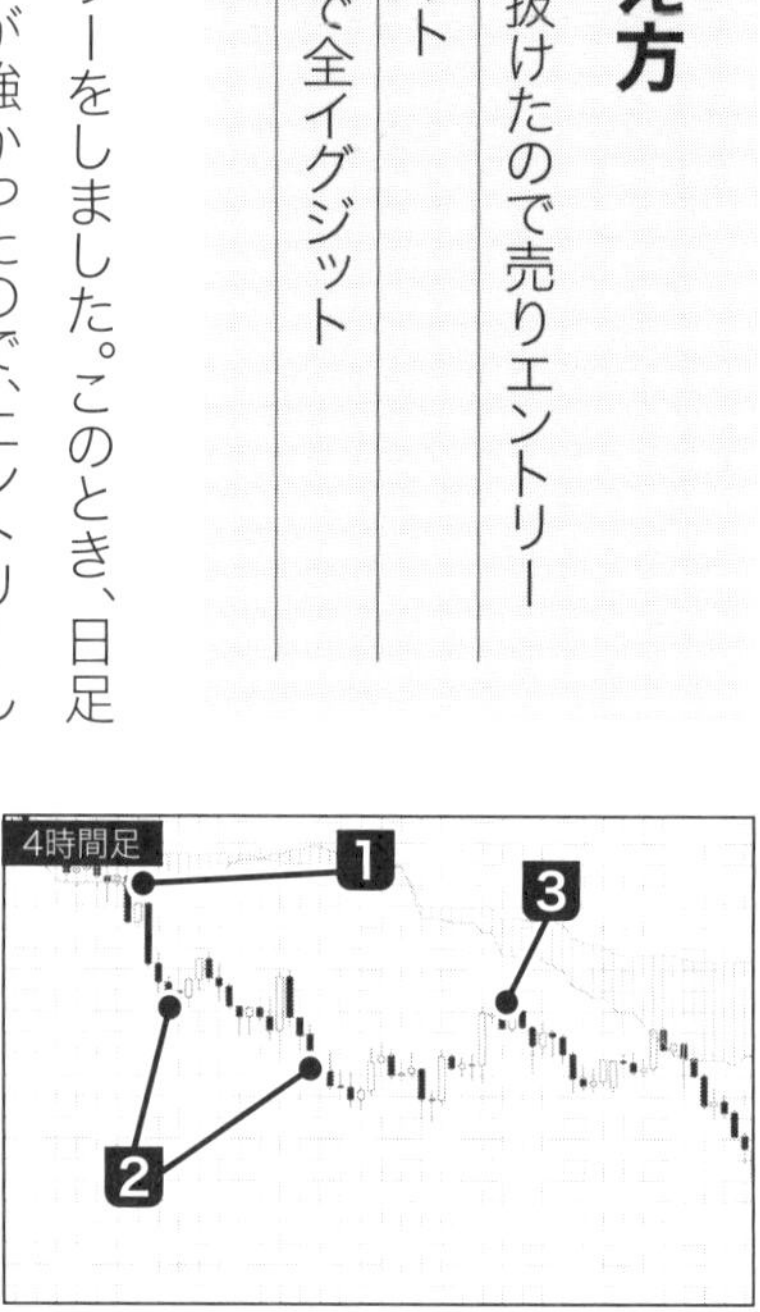

山口猛さんの考え方

1. エクスパンション発生中にローソク足が安値を更新したので売りエントリー
2. 安値更新で一部イグジット
3. 高値更新で残りをイグジット

相場分析で下降トレンドが確認できるなか、トレンドの始まりから終わりまで保有し続けることができたので、理想的なトレードでした。ポジションは約2か月間保有し続けながら、日足で安値更新のタイミングで一部イグジットしました。トレンドが終わるタイミングで高値更新し、全イグジットしました。

まとめ

トレード手法にマッチした、理想的なトレードができた。

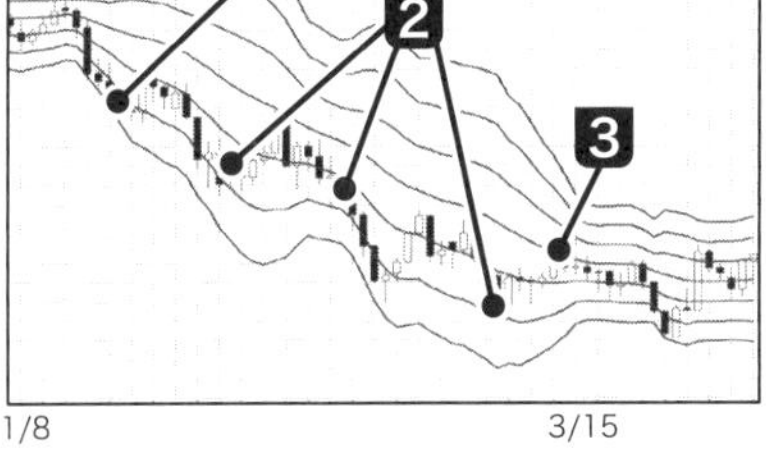

チャートを使いこなせばFXはカンタンに稼げる！

2020年7月30日　発行

執筆・インタビュー 柳生大穂（有限会社バウンド）
デザイン ili_design
イラスト 伊藤キイチ
DTP 有限会社バウンド

発行人 佐藤孔建
編集人 梅村俊広
発行・発売
〒160-0008 東京都新宿区四谷三栄町12-4
竹田ビル3F
TEL：03-6380-6132
印刷所 三松堂株式会社

●本書の内容についてのお問い合わせは、下記メールアドレスにて、書名、ページ数とどこの箇所かを明記の上、ご連絡ください。ご質問の内容によってはお答えできないものや返答に時間がかかってしまうものもあります。予めご了承ください。

●お電話での質問、本書の内容を超えるご質問などには一切お答えできませんので、予めご了承ください。

●落丁本、乱丁本など不良品については、小社営業部（TEL：03-6380-6132）までお願いします。

e-mail ： info@standards.co.jp

お読みください

●FXをはじめとした金融商品の運用はリスクを伴います。

製作、販売、および著者は投資の結果によるその正確性、完全性に関する責任を負いません。実際の投資はご自身の責任でご判断ください。